양화진 선교사 열전

믿음이란
한 알의 밀알이 땅에 떨어져 죽음으로 많은 열매를 맺음과 같이
진리의 열매를 위하여 스스로 죽는 것을 뜻합니다.
눈으로 볼 수는 없으나 영원히 살아 있는 진리와
목숨을 맞바꾸는 자들을 우리는 믿는 이라고 부릅니다.
「믿음의 글들」은 평생, 혹은 가장 귀한 순간에
진리를 위하여 죽거나 죽기를 결단하는
참 믿는 이들의, 참 믿는 이들을 위한, 참 믿음의 글들입니다.

양화진 선교사 열전

전택부 지음

홍성사

일러두기

*본문에 쓰인 사진 자료의 출처는 아래와 같다.
- 한국기독교100주년기념사업협의회 : 41, 51, 76, 99, 153, 158(위), 193, 194, 217, 241쪽.
- 한국기독교역사박물관 : 43, 58, 63, 79, 85, 89, 115, 119, 125, 127, 132, 135, 158(아래), 166, 187, 201, 204, 213, 223(아래), 229, 233, 247, 250(아래), 261쪽.

*저자의 요청에 따라 '개정판을 내며'와 '머리말'에서는 '하나님' 대신 '하느님'이라 썼다.

*이 원고가 쓰인 1979년 당시에는 흔히 사용되던 한자식 단어를, 본문에는 저자가 사용한 단어 그대로 쓰되, [ ] 안의 내용은 편집자가 이해를 돕기 위해 첨가한 것이다.

개정판을 내며

홍성사가 나의 책 《이 땅에 묻히리라 양화진 외인열전》을 조금 수정하고 다듬어서 다시 출간한다고 하기에 나는 무조건 좋다고 동의했다. 격세지감을 느끼기도 했다.

이 책을 쓸 1979년 당시의 양화진 외인묘지는 쓰레기장을 방불케 하는 폐허였고, 흉터처럼 아이들이 무서워하는 곳이었으며, 아무도 돌보지 않는 쓸쓸한 땅이었다. 더욱이 서울시 당국은 지하철 공사를 하는 데 지장이 된다고 해서 이 묘지를 다른 데로 옮기려 했다.

그러했던 땅이 오늘에 와서는 천주교의 절두산 성지와 양화진 묘역 사이를 오갈 수 있게 이으면서 그 일대가 공원화되고 모두 성지 순례지로 변했다. 양화진 외인묘지가 이처럼 변할 줄이야 꿈엔들 예측이나 했겠는가! 참으로 하느님의 섭리는 놀랍다 하지 않을 수 없다.

이와 동시에 홍성사가 이 책의 개정판을 낸다고 하기에 나는 얼마나 기뻐했는지 모른다. 진작부터 개정판이 나왔으면 했던 것이 사실이다. 초판이 나온 지 어느덧 20여 성상이 흘렀다. 본디 이 책은 주간신문에 내었던 연재물을 그대로 옮겨 놓은 것이므로 어딘가 부자연스러운 데도 있고, 더욱이 정부 당국이 이 묘지를 파헤쳐 다른 데로 옮긴다는 바람에 화가 나서 갑자기 쓴 것인 만큼 미흡한 점도 많다고 느껴왔기 때문이다.

초판이 나온 뒤 민족의 은인 두 분이 이 묘지에 더 묻히게 되었다. 한 분은 언더우드 1세 목사님이고, 또 한 분은 언더우드 3세 장로님이다. 제1세는 미국 고향에 묻혔다가 1999년 5월 20일에 양화진으로 이장되었고, 제3세는 2004년 1월 15일에 작고하여 여기에 묻히게 되었다.

그리고 초판이 나올 때에는 세 분 어른들이 추천사를 써 주셨다. 한경직 목사님과 김재준 목사님과 언더우드 3세 장로님이 쓰셨는데, 그분들이 다 작고하셨으므로 새로 추천사를 써 달라고 하지 못하는 것이 못내 아쉽다.

나는 이 자리를 빌려 '한국기독교100주년기념사업협의회'에 대하여 다시금 감사하고 싶다. 이 100주년기념사업협의회가 외인묘지 경내에 '한국기독교선교기념관'을 세우지 않았다면, 아마 지금도 재한 외국인 성도들은 이곳저곳으로 떠돌면서 예배를 드렸을 것이다. 하지만 그들이 선교기념관에서 예배를 드리니, 민족의 은인들의 은혜에 100주년기념사업협의회가 우리 대신 어느 정도 보답을 했는가 싶어 감사하는 바이다.

또한 100주년기념사업협의회는 인천 부둣가에 '선교100주년기념탑'을 세우기도 했다. 1885년 4월 5일 부활절 날 아침 언더우드 목사와 아펜젤러 목사가 함께 상륙한 그 자리에 기념탑을 세웠는데, 그 역시 성역화가 되도록 힘써 주기를 바란다.

끝으로 이 책을 개정판으로 내어 주신 홍성사 정애주 사장님께 진심으로 감사드린다. 믿음의 글들은 돈만 있으면 출판되는 것이 아니다. 투철한 소명감과 헌신적인 봉사정신 없이는 불가능하다. 때문에 나는 홍성사의 무궁한 발전을 간절히 기원한다. 아울러 이번 개정판을 위해 수고하신 편집부의 옥명호 님, 한수경 님, 그 밖의 여러 직원들에게 감사를 드린다.

2005년 9월

| 차례 |

개정판을 내며 5
머리말 10
추천사 14

프롤로그 양화진 역사 23

1. 병자들의 친구 헤론 37

2. 한국 선교의 아버지 언더우드 51

3. 근대 교육의 개척자 아펜젤러 79

4. 한국의 친구 헐버트 99

5. 항일 언론 투사 베델 115

6. 백정 해방운동의 지도자 무어 127

7. 민족운동의 동역자 벙커 153

8. 고아의 아버지 소다 가이치 169

9. 성서번역의 주역 레이놀즈 187

10. 평양 선교의 개척자 홀 201

11. 성공회 토착화의 주역 터너 217

12. 숭실대학의 창설자 베어드 229

13. YMCA 부흥 운동가 브로크만 형제 241

14. 민중의 봉사자 구세군 가족 257

머리말

　1979년의 일이다. 몇몇 일간신문에 양화진 외인묘지가 다른 곳으로 옮겨지게 되었다는 기사가 실렸다. 나는 이 기사를 보고 얼마나 분개했는지 모른다.
　양화진 그곳에는 이역만리 먼 곳에서 우리나라에 찾아와 복음을 전하다 이 땅에 묻힌 순교자들이 많은데 어찌하여 서울시 당국은 그런 무덤들을 마구 파헤치고 파괴하려 드는가.
　서울시는 지하철 공사를 하는 데 이 묘지가 방해된다고 하지만 비켜 가면 될 것 아닌가. 고속도로를 내다가도 땅 속에서 무슨 유물이 발견되면 당연히 비켜 가는데, 민족 은인들의 무덤을 이토록 무시하는 것이 과연 옳은 처사인가.
　나는 홧김에 단박 주간신문 기독공보사를 찾아갔다. 우선 나는 그 부당성을 고발했다. 그리고 이 사태를 막아야 할 테니 나에게 지면을 할애해 달라고 요청했다.

그때까지 나는 양화진에 누가누가 묻혀 있는지도 잘 몰랐다. 또한 이런 일이 벌어지리라 예측해서 미리 원고를 써 놓은 것도 아니요, 자료를 미리 수집해 놓은 것도 아니었다. 나는 마치 아무런 무기도 없이 맨손으로 전쟁터에 싸우러 나가는 병사의 심정으로 달려갔던 것이다.

고맙게도 기독공보사는 내 요청을 기꺼이 수락해 주어서, 1979년 9월 29일부터 1981년 1월 18일까지 38회에 걸쳐 내 글을 연재했다. 1890년 양화진에 최초로 묻힌 초대 선교사 헤론을 시작으로, 여러 선교사들과 평신도들의 약전을 연재하였다.

그 뒤 기독공보사의 사정에 따라 잠시 중단했다가 1982년 3월 6일부터 그해 9월 18일까지 14회에 걸쳐 크리스챤신문에 다시 전기를 연재할 수 있었다.

나는 이 연재물을 한 권의 책으로 펴내는 데 이 두 신문사에 진심으로 감사드린다. 나의 무리한 요청을 기꺼이 받아 주신 데 대하여 사의를 표한다.

또한 나는 서울시 당국에도 감사한다. 내가 신문에 연재한 '양화진 외인열전'을 보고 감동을 받았음인지 아니면 기독교계의 항의와 일반 여론 때문인지는 알 수 없으나, 어쨌든 서울시는 본래의 계획을 바꾸어 묘지에서 약 200평만을 깎아내었을 뿐 무덤들은 하나도 다치지 않게 지하철 공사를 마쳤다.

또한 한국기독교100주년기념사업협의회는 양화진 경내에 수억 원을 들여 '한국기독교선교기념관'을 세웠다. 이것도 놀라운 일이다. 아마도 하느님께서 한국 교회가 양화진 묘지를 버려 두는 것을 못마땅히 여겨 일부러 정부로 하여금 우리를 자극했는가 싶어, 하느님의 섭리에 대하여 놀라지 않을 수가 없다.

여기서 잠깐 '열전'이라는 말에 관해서 일러둘 것이 있다. 국어사전을 보면 '열전'이라는 말의 뜻이 두 가지로 나온다. 하나는 '列傳'이고 또 하나는 '烈傳'이다. 전자는 '여러 사람의 전기집'이라는 뜻이고, 후자는 '열사烈士의 전기'라는 뜻이다. 그런데 이 책의 열전은 후자의 경우다. 왜냐하면 만약 여기 수록된 사람들이 외국인이 아니라 한국인이었다면 열녀烈女와 열사烈士 대접을 받기에 넉넉한 민족의 은인들이기 때문이다.

이러한 민족 은인들의 무덤이 비단 양화진에만 있는 것은 아니다. 저 멀리 북한 땅 평양·선천·소래·원산·함흥에도 있고 남한 땅 광주·대구·전주에도 있다. 나는 거기 묻혀 있는 은인들의 약전도 쓰고 싶었다.

가령 황해도 소래에 묻혀 있는 캐나다 출신의 초대 선교사 맥켄지W. J. McKenzie 목사, 동작동 국립묘지 묘역에 묻혀 있는 스코필드F. W. Schofield 박사 등 여러 은인들의 약전도 써서 첨부하고 싶지만 그렇게 하지 못한 것이 못내 아쉽다.

마지막으로 이 책을 위하여 추천사를 써 주신 한경직 목사님과 김재

준 목사님과 언더우드 3세 장로님께 진심으로 감사드린다.

   그리고 이 책의 출판을 맡아 주신 홍성사의 발행인 이재철 목사님과 임직원 여러분께 진심으로 감사를 드린다. 홍성사 위에 하나님의 축복이 무궁하시기를 기원하는 바이다.

1986년 8월

오리梧里 전택부

추천사 1
새롭게 흠모할 믿음의 선인들

추양秋陽 한경직✽(한국기독교100주년기념사업협의회 전 이사장)

이 땅의 그리스도인이라면 꼭 한번 찾아가 보아야 할 곳이 있습니다. 양화진이라 불리는 서울의 서남쪽, 마포구 합정동 네거리에서 가까운 작은 동산입니다. 그곳에는 5백여 명이 넘는 외국인 형제자매들의 무덤이 있는데, 그중에는 우리 은인들의 무덤이 많습니다. 무엇이 아쉬워서 여기까지 왔으며, 어떻게 살았기에 이 땅을 떠나지 않고 흙으로라도 남아 있기를 원했을까요?

생각하면 참으로 감개무량합니다. 다만 하나님께 감사와 찬송을 돌릴 수밖에 없습니다. 그 은혜에 보답할 방도를 모색하던 중, 다행히도 지난 몇 해 동안 뜻있는 교계 인사들의 협력을 얻어 한국기독교100주년기념사업협의회가 그곳 양화진 외인묘지에다 선교기념관을 건립하기로 했으며, 2년간의 역사 끝에 준공 예배를 드리게 되었습니다.

이와 때를 같이하여 이번에 오리 전택부 장로님께서 귀한 책을 엮어 내셨는데, 그 내용 모두가 바로 양화진에 심겨진 그들의 아름다운 삶을 정성껏 전승키 위한 묘사였습니다.

더욱이 이 책을 쓰시게 된 동기가 묘지의 역사적 가치를 몰이해한 관원들을 깨우쳐 양화진에서 묘지를 옮기지 못하도록 한 데 있었다는 사실은 우리 그리스도인뿐만 아니라 그들의 은택을 직접·간접으로 입은 많은 현대인이 함께 고마워해야 할 일이 아닐 수 없습니다.

이 책을 통하여 우리에게 복음의 빛을 전하여 준 믿음의 선인들을 새롭게 흠모할 것입니다. 뿐만 아니라 정연희 자매가 쓰신 기념비문의 한 구절처럼 "이 땅을 주님께서 지적하신 땅 끝으로 믿고 아비의 집을 떠나 젊은 몸 하나로 찾아든" 선교의 밀알들이 남긴 선한 싸움의 흔적들을 눈으로 가슴으로 접하시게 될 것입니다.

끝으로 이 책에 열거 수록된 헤론, 언더우드, 아펜젤러, 베델, 헐버트, 벙커 등의 정신을 계승한 한국의 젊은이들이 중국을 비롯한 아시아와 아프리카 여러 나라로 뻗어나가 그곳의 전택부 장로님과 같은 역사의 증인들에 의하여 영광스럽게 기록되는 그날이 오기를 하나님께 간구합니다.

❖ 秋陽 韓景職(1902-2000년). 위 글은 이 책 첫 출간했던 1986년 당시에 쓴 것이다.

추천사 2
한국 교회와 민족에게 제물로 바친 선교사들

장공 김재준*(한신대학교 전 학장)

오리 선생의 신저新著《이 땅에 묻히리라 양화진 외인열전》의 출간을 축하합니다. 오리 선생은 수륙양용水陸兩用의 탱크와 같은 인물입니다. 한국전쟁에 폐허로 화한 종로 중앙 YMCA 총무직을 맡아 전보다 더욱 웅대한 건물로 준공 낙성하였습니다. 그러고는 공성신퇴功成身退격으로 집착 없이 퇴직하고 YMCA와 교회와 사회 일에 심혈을 기울여 봉사하고 있습니다.

그는 초대 기독교사에 조예가 깊을 뿐 아니라, 특히 그 방면의 야사에 많은 발굴을 통한 풍부한 자료를 갖고 있습니다. 그는 또 Y 관계의 선배들을 존경으로 대접합니다. 이상재李商在 영감 평전, 신흥우申興雨 선생 전기 등도 세간에 폈습니다. 그는 아무에게 대하여도 존경했고 결코 폄론하지 않았습니다. 그는 지금 양화진 외인묘지의 절두대를 중심 과제로, 거기에 묻힌 신교 선교사로서 평생을 한국 교회와 민족에게 자원自願 제물로 바친 선배 선교사들의 유적과 그 공헌들을 발굴하여 한 열전을 출간하려고 집필 중에 있다는 것을 일찍부터 들었습니다. '순교자의 피는 교회의 씨'라는 말이 있습니다만, 한국 교회가 창시자를 권외圈外 인물로 등한시한다면, 그것은 뿌리도 씨앗도 기대할 수 없는 허상이 되고 말 것입니다. 그런 의미에서 장공은 진심으로 오리 선생의 신저 출간에 감격과 감사의 정을 보냅니다. '한국기독교사연구회' 총무격인 이덕주李德周 목사가 나에게 사연을 전하고 축문을 청하기에 이상의 수구數句로 축사에 대신합니다.

장공은 86세니까 젊은 사람들 축에 들기는 어려울 것 같습니다만, '겉 사람은 후패하나 속사람은 날로 새롭다'는 사도 바울의 심경도 장공에게 노상 인연이 없는 것은 아닌 것 같아서 이 축사를 보냅니다. 끝까지 건투하십시오.

❖ 長空 金在俊(1901-1987년). 위 글은 이 책을 첫 출간했던 1986년 당시에 쓴 것이다.

추천사 3
출간을 축하하며

호레이스 G. 언더우드*(연세대학교 전 총장)

 이 땅에서 친구로 혹은 스승으로 봉사하다 숨져 갔던 덕망 높은 외국인 선교사들의 묘소를 그동안 몇몇 한국인들이 애정과 관심을 가지고 꾸준히 돌보아 준 사실은, 현재 이 땅에 살고 있는 외국인 선교사의 한 사람인 저에겐 크나큰 감동을 주었습니다. 고인들의 가족은 불가피하여 멀리 떠나 있는데도, 개인, 교회 혹은 학교 등이 은혜를 입은 바 큰 선교사들의 묘소를 정기적으로 참배해 왔던 것입니다.
 이러한 유대의식이 개인적인 차원에서는 매우 공고해 왔던 것이 사실이긴 하지만, 한국 교계가 전반적으로 이 땅에서 자신들의 삶을 아낌없이 바친 뒤 한강변에 자리 잡은 양화진 외인묘지에 안장된 수많은 선교사들에 대해 관심을 쏟게 된 것은, 한미수교 100주년을 맞은 1982년, 혹은 그 뒤를 이은 선교 개시 100주년을 맞은 1984-85년에야 비로소 본격화되었습니다. 그 후 저희들은 여러 기념사업, 기념탑 건립, 특히 묘소에 세워지게 된 기념예배당 건립 등이 진행되는 것을 감사한 마음으로 지켜보았습니다. 이런 일 가운데 특별히 전택부 선생님께 감사드리고 싶은 것은, 선생님께서 양화진에 묻힌 고인들 가운데 많은 분의 삶과 그분들이 한국의 성장과 발전, 곧 교회, 학교, 병원 및 기타 전반적인 발전에 끼친 업적들에 대해 상세하게 소개하는 책을 저술하여 한국 교계에 널리 알리는 기회를 마련하셨기 때문입니다.

양화진에 묻힌 고인들을 개인적으로 잘 아는 어른들이, 한국인이나 외국인을 막론하고 점차 세상을 떠나는 이때, 이 같은 책이 나와 전쟁과 흘러가는 세월로 인해 이미 그 일부가 상실된 기록들을 보존·유지할 수 있게 되었다는 것은 매우 시기적절한 일일 뿐 아니라, 기독교의 일치, 상호 이해 증진 및 역사 연구를 위해서도 뜻 깊은 일이라고 생각합니다.

끝으로 바라기는 이 책을 읽는 모든 분들이 지난 20세기를 통해 이방 민족과 나라에 구원의 메시지를 전파하는 사역에 수많은 남녀를 부르셨던 그리스도의 거룩한 소명의식을 깨닫고, 나아가 바로 이 한국에서 섬겼던 우리 선조들의 헌신을 새롭게 인식하는 계기가 되었으면 하는 것입니다.

As a foreigner and missionary living in Korea one of my most moving experiences has been to see the loving continuing concern and care by certain Koreans for the graves of their respected missionary friends and teachers who have died in this land. Although the family of the deceased person is of necessity far away, individuals, churches and schools pay regular respects at the graves of those missionaries who have contributed to them.

However strong such ties have been on an individual basis, however, it was not until the Centennial of Korean-American Relations in 1982, followed by the Centennial of missionary work 1984~85, that the Christian community of Korea as a whole became aware of the large number of missionaries who had given their lives in this land and were buried at the Foreigner's Cemetery in Yangwhajin, near the banks of the Han River. Since that time we gratefully notice the various memorial services, memorial monuments and especially the building of a Memorial Chapel at the cemetery. In this work we are particularly grateful to Mr. CHUN Taek Boo for his work in informing the Korean Christian community of the large numbers of persons buried there, and telling something of their lives and their contribution to the growth and development of Korea, its churches, schools, hospitals and general growth.

As the older generation of persons, Korea and foreign, who personally knew these predecessors passes away, it is appropriate and is a major contribution to Christian unity, mutual understanding, and historical research to have such a work as this put into permanent form so that the record already partly lost as a result of war and time may be preserved. We hope that all who read this may gain a sense of the high calling of Christ that throughout the past 20 centuries has compelled men and women to take the message of salvation to other lands and other people, and learn afresh the dedication of our predecessors here in Korea.

Underwood, Horace G. II

❖ Horace G. Underwood(원일한 : 1917-2004년). 위 글은 이 책을 첫 출간했던 1986년 당시에 쓴 것이다.

프롤로그
양화진 역사

풍류객들의 놀이터 양화진

오늘날 양화진이라 일컫는 곳은 서울시 마포구 합정동에 있는 절두산 일대를 두고 하는 말이다. 그러나 본래는 절두산 일대뿐 아니라 그 밑 나루터까지를 포함했다. 나루터라 함은 지금의 양화대교 입구에서 한강 하류로 조금 내려간 지점까지를 말하며, 예전에는 그곳이 경기도 고양군에 딸린 나루터였다. 그리고 그 근처에 '조개우물'이라는 우물이 있었으므로 그곳을 '蛤井洞합정동'이라 하다가 일제 시대에 '合井洞합정동'으로 바뀌었다.

양화진楊花津은 양화진楊花鎭이라고도 한다. 그 까닭은 나라의 수도방위를 위하여 정부가 한강 주변에 송파진松波鎭, 한강진漢江鎭, 양화진楊花鎭의 삼진三鎭을 두었는데, 그 삼진 중 하나인 양화진은 나루터 구실을 했을 뿐 아니라 외침外侵이나 민란에 대비하여 상비군이 주둔해 있었기 때문이다.

절두산切頭山이란 이름도 본래는 없던 말이다. 원래는 그 봉우리의 생긴 모양이 마치 누에가 대가리를 치켜든 것 같다 해서 '덜머리加乙頭' 또는 '잠두봉蠶頭峰'이라 했으며, 용의 머리처럼 생겼다 해서 '용두봉龍頭峰'이라고도 했다. 어쨌든 이 덜머리 또는 용두봉과 그 주변 한강 일대는 경치 좋기로 소문난 곳이었다.

옛날에는 왕버들 또는 산버들이 울창하여 이른 봄철, 나무에 물이 오르면 목동들이 그 어린 가지를 꺾어 피리를 만들어 불었던 모양이며, 버들강아지가 만발하여 양화楊花라는 이름이 붙여졌는지도 모른다.

경치가 하도 좋으니까 풍류객들의 놀이터가 되기도 했는데, 옛 기록에 보면 나라의 고관들도 가끔 한강에다 배를 띄워 노량, 용산, 마포 강류를 따라가다가 이곳 덜머리 앞에 이르면 그 봉우리에 올라가 술자리를 마련하고 하루의 놀이를 즐겼다 한다. 외국 사신들도 여기서 여흥을 즐겼다고 하는데, 세종 32년 명나라 사신이 이 봉우리에 올라가 구경을 하다가 "이 경치는 적벽赤壁이나 다름이 없다. 참으로 가관이로다" 했으며, 본국에 돌아가서까지 "조선의 덜머리는 천하 절승지지絶勝之地로다"라고 감탄했다는 기사가 있다.

또한《한국지명총람1: 서울편》의 우리나라 선비의 기록에는 "도성에 서서 남쪽으로 15리쯤 되는 곳에 나루터가 있는데 양화도楊花渡라 하며 각 도의 양곡이 들어오는 길목이다. 나루 어구에 푸른 돌로 된 봉우리가 물가에 벽처럼 우뚝 서 있는데, 푸른 수염의 늙은 소나무가 많아서 그 모습이 마치 선비와 검객들이 서로 마주 서 있는 것 같다. 거기에 올라가면 사방의 아름다운 풍경을 마음대로 구경할 수 있으니 한번 가서 놀지 않으려는가?"라고 쓰여 있다.

또 어떤 문인들은 이 덜머리 밑의 석벽을 중국의 송대宋代 문인 소동파蘇東坡의 시로 유명해진 적벽강에 비하고 뱃놀이의 청흥淸興을 즐기면서 다음과 같은 시구를 남기기도 했다.

> 천하의 기이한 풍광 잠두봉이 여기인데 백년의 절승絶勝한 일 영잠嶺蠶의 청유淸遊라네. 동파東坡에게 술잔 올리려 하나 영혼 지금 어디 있나. 흐르는 강을 움켜쥐며 술잔을 다시 돌리네!

이러한 기록들을 볼 때, 이 양화진 일대 경치가 얼마나 아름다웠을지 가히 짐작할 수 있을 것이다.

순교 성지가 되기까지

그러면 어째서 그리 아름다웠던 용두봉이 사람의 목을 자른다는 뜻의 절두산이 되고 말았을까? 아무리 비참한 얘기라 해도 이 사연만은 말하고 넘어가야겠다.

1866년, 이 해에 두 번의 변란이 있었다. 그 중 하나는 평양 대동강변에서 일어난 '병인평양양선사건丙寅平壤洋船事件'이고 또 하나는 서울 한강변과 강화도에서 일어난 '병인양요丙寅洋擾'이다. 전자는 토마스R. J. Thomas 선교사가 미국 상선을 타고 와서 복음을 전하다가 순교한 사건이고, 후자는 천주교 신부가 학살됐다는 소식을 듣고 프랑스 함대가 와서 보복하던 때의 일이다. 이 두 사건 중 후자의 경우를 모르고서는 덜머리가 절두산으로 바뀐 내막을 알 수가 없다.

1864년부터 러시아는 노골적으로 조선 침략을 꾀하기 시작했다. 1866년, 즉 병인년 1월에는 원산 앞바다로 군함을 몰고 와서 오만한 태도로 통상과 거주권을 강요했다. 이로 인해 대원군이 크게 근심하고 있을 때, 천주교인들은 이 기회에 신앙의 자유를 얻을 속셈으로 "러시아의 침략을 막으려면 프랑스의 힘을 빌리는 것이 상책입니다" 하고 대원군에게 건의했다. 즉 조선에 와 있는 프랑스 신부들에게 부탁하면 그들이 프랑스 함대를 조선에 파견하여 능히 러시아 함대를 물리칠 수 있을 것이라는 말이었다.

대원군이 처음에는 귀가 솔깃해져서 프랑스 신부들을 이용하려 했다. 그러나 러시아인들이 곧 물러갔고, 청국으로부터 "모든 서양사람들을 죽였다"는 헛소문이 들려오자, 일찍부터 천주교를 미워하던 벽파僻派의 조 대왕대비를 싸고도는 영의정 조두순趙斗淳 등의 책동에 못 이겨, 고종 3년인 1866년에 접어들면서부터는 천주교에 모진 박해를 내리게 되었다.

대원군 주변에는 천주교인들이 많았다. 우선 그의 부인이 천주교인이었고 아들인 고종의 유모 박마르다 역시 독실한 신자였다. 그래서 대원군은 천주교의 박해를 그리 원치 않았으나 완고 대신들의 강요에 못 이겨 그 같은 악행을 단행하는 문서에 수결手決하고 모든 천주교인을 잡아들이게 했는데, 대원군의 이러한 결정은 아마도 자신의 정권을 보존하기 위함이었을 것이다. 이것은 빌라도가 예수의 무죄를 알면서도 민중이 무서워서 그를 십자가에 못 박은 것과 흡사하다고 할 수 있다.

병인양요가 일어나게 된 원인은 다름 아닌 병인교난丙寅敎難 때문이다. "운현궁雲峴宮 안에는 천주학쟁이들이 출입한다"는 소문이 장안에 퍼지게 되었는데, 헛소문이 아니라 사실이 그러했다. 그리하여 조 대비 이하 주요 직책에 있는 대관들은 노골적으로 천주교도들의 책동을 비난하기 시작했다. 이에 대원군의 처지는 매우 난처해졌다. 대원군은 측근자들의 후원이나 천주교도들에 대한 일체의 기대를 포기하고 천주교 탄압에 앞장을 서게 되었다.

그 탄압은 그야말로 끔찍했다. 대원군이 자기를 불러들이겠거니 하고 기다리고 있던 베르뇌 장 주교가 잡히게 됐다. 그때 대원군의 부인인 여흥부대부인 민씨는 "모든 재상들이 대감(대원군)의 말씀을 듣지 않은 것이 참말 딱하다"라며 탄식하고, 박해를 주장하는 재상들을 나무라면서 "필시 우리 아들(고종)에게 해로울 것이다. 외국 신부가 저들에게 무슨 해함이 있었으며 또한 우리 아들이 재상들에게도 무슨 해함이 있더냐? 반드시 외국 군대가 신부의 욕됨을 갚기 위하여 치러 와서 우리 아들을 죽일 것이다"라고 몹시 걱정했다. 그러나 부인의 그러한 걱정에도 아랑곳없이 박해는 무자비하게 진행되었다.

이로써 프랑스 선교사 12명 중 9명의 선교사가 학살당한 것을 비롯하여 불과 수개월 동안 전국의 교도 약 23만 명 중 8천여 명의 신도들이 처참하게 학살당했다. 그 밖에 깊은 산중으로 쫓겨 다니다가 지쳐서 죽고 병으로 죽고 굶주려 죽은 신도들도 이루 다 헤아리기 어려웠으며,

이런 난리 속에서 신도도 아닌데 까닭 없이 잡혀 죽은 양민들도 허다했다.

이것이 이른바 병인교난이며, 이로 인해 뒤따라 일어난 사건이 병인양요다. 병인양요는 병인교난 때 잡히지 않고 요행히 조선을 탈출하여 중국으로 간 리델 신부 등 세 명의 신부들이 고발하여 터진 난이다.

리델 신부는 당시 중국 톈진天津에 주둔하고 있던 프랑스 극동 함대 사령관 로즈 제독에게 이 사실을 보고했다. 드디어 본국으로부터 '조선 정복'의 명령이 떨어지자 로즈 제독은 1866년 9월, 행동을 개시하여 세 척의 군함을 이끌고 인천 앞바다에 나타났다. 그때 안내인은 리델 신부와 세 명의 조선인 신도였다. 9월 23일 한강 입구에 닿은 함대는 거기서 한강 물줄기를 타고 거슬러 올라가야만 했다. 세 척 중 두 척만이 한강을 거슬러 올라갔다. 수심과 조수潮水를 세밀히 조사하면서 유유히 올라가던 도중에 수많은 쪽배들과 뗏목의 저지를 받고, 양쪽 강 언덕에서 콩알 튀듯 하는 조총의 공격을 받았으나 몇 방의 대포만으로 이들을 간단히 잠재울 수 있었다.

이리하여 두 대의 군함은 양화진에 이르렀다. 때는 9월 26일이었다. 나머지 군함 한 척은 서강까지 올라가 탐색했다. 어떻게 군함이 서강까지 올라갈 수 있었을까 의심하는 독자들도 있겠으나, 그 당시는 군함이라 해도 보잘것없는 소형 군함이었을 뿐만 아니라 한강의 수심도 오늘날처럼 얕지 않았기 때문에 가능한 일이었다.

프랑스 군함은 24시간 동안 양화진에 정박하여 삼각측량도 하고 경도와 위도도 재면서 주위 상황과 조선 왕실의 반응도 엿보았다. 그러나 조선 군대는 프랑스 함대에 아무런 반격도 할 수 없었다. 외국 함대가 나라의 수도 코밑까지 들어와 있어도 어찌할 도리가 없었으니 당시 우리나라의 국력이 어떠했는지 능히 짐작할 수 있다.

혼란과 공포의 도가니에 빠져 있던 백성들은 프랑스 군함이 양화진에서 물러가는 것을 보고 그제야 안도의 숨을 쉬었다. 그러나 그 함대는 곧 다시 침범해 왔다. 그해 10월 12일 일곱 척의 함대가 강화도 앞바다에 나타난 것이다. 16일에는 강화를 점령하고 "어찌하여 선교사들을 죽였는가. 선교사들을 죽인 책임자를 처벌하라. 조약을 체결하자"는 등의 요구를 해 왔다. 그러나 대원군은 이들의 요구를 무시하고 총격의 명수 5백여 명을 잠복시켰다가 침략군을 무찔렀다. 그 결과 프랑스 군대는 11월 18일 중국으로 철수하고 말았다.

이것이 곧 병인양요이다. 이 사건으로 인해 나폴레옹 3세 치하의 프랑스 제국의 위신은 여지없이 땅에 떨어졌고, 반대로 대원군의 콧대는 더욱 높아져서 쇄국정책을 한층 더 강화하는 한편 천주교 박해에 박차를 가했다.

만약 그때 우리 군대가 강화도 전투에서 졌다면 역사는 어떻게 바뀌었을까? 중국은 1842년 영국과의 아편전쟁에서 졌기 때문에 일찍이 개국할 수 있었고, 일본은 1853년 미국 함대에 굴복했기 때문에 일찍이 문호를 개방할 수 있었다. 당시 그 두 나라는 외침을 불행으로 여겼지만 뒤에 가서 그것이 복이 된 셈이다.

대원군은 기고만장하여 서울 종로와 팔도 각 읍에다가 척화비斥和碑를 세웠다. "서양 오랑캐가 침범한 때에 싸우지 않고 화친和親을 하면 나라를 팔아먹는 것이 되니 우리 만년 자손들은 경계하라"는 내용의 기념비였다.

이 기념비를 세움과 동시에 천주교 탄압을 더욱 강행했는데, 만약 이때 싸움에서 지거나 굴복했던들 쇄국주의는 자취를 감추었을 것이며, 천주교 박해도 그것으로써 끝장을 냈을 것이다. 중국과 일본은 외국 군대와 싸워 진 것이 복이 되고, 우리나라는 외국 군대와 싸워 이긴 것이 도리어 화가 되고 말았으니 이를 일컬어 운명의 장난이라 하던가. 우리나라가 외국과 조약을 맺고 개항한 것이 1876년, 즉 일본과의 병자수호조약부터인데, 만약 병인양요에서 우리가 졌다면 늦어도 1867년부터는 개항되었을 것이다. 그것도 일본이 아닌 프랑스, 문명한 서양 제국과의 개항일 것이며, 적어도 10년은 더 빨리 개화의 물결이 들어왔을 것이니 이를 생각하면 억울하기 그지없다.

1866년 병인양요와 병인교난이 있은 지 16년 뒤인 1882년에 이르러 또 하나의 큰 사건이 양화진에서 일어났다. 이 사건을 보통 '임오군란壬午軍亂'이라 한다.

1882년은 우리나라 역사상 아주 획기적인 해이다. 왜냐하면 첫째로 그해 4월에 우리나라가 처음으로 문호를 개방하고 미국과 수호조약을 맺었으며, 둘째로 그해 6월에는 임오군란이라는 일종의 군대 반란이 일어났기 때문이다. 이것은 모두 서구의 자유화 물결이 쇄국주의 아래 있던 우리 사회에 밀어닥쳤음을 보여 주며, 특히 그 당시 우리 군대가 인권을 의식하기 시작하면서 처우 개선과 악정惡政 쇄신을 위한 대 정부 투쟁을 감행했음을 의미한다. 당시 군대는 악질 집권자들에게 반항하는 동시에 그 배후에 일본인들이 있다는 것을 알고 일본 공사관에 불을 지르고 관원들을 때려 죽였다. 그 와중에 문제의 인물 하나부사花房義質 공사도 잡혀 죽을 뻔했지만 비 오는 날 밤에 간신히 피신하여 일본으로 도망쳤는데, 그가 빠져나간 구멍이 다름 아닌 바로 양화진이었다. 그는 7월 23일 새벽, 양화 나루에서 배를 훔쳐 타고 인천까지 갔다가 일본 군함을 바꿔 탔던 것이다. 이렇게 해서 또 한 번 양화진이 유명해지게 된다.

또 하나 큰 사건이 있었으니, 1884년 갑신정변에 실패한 고균古筠 김옥균金玉均이 일본으로 망명을 갔다. 고균은 신변 보호를 위하여 이와다 슈샤쿠岩田周作라는 이름으로 일본인 행세를 하면서 오가사하라小笠原 섬과 홋카이도北海道 및 도쿄東京 등지로 두루 피신해 다니면서 그럭저럭 10년을 지냈다. 그러면서 일본 정부의 도움을 받아 내정 개혁을 꾀했다.

한편 조선 조정에서 보낸 정탐꾼과 자객이 고균을 끈질기게 추적, 1893년 마침내 홍종우洪鍾宇가 고균에게 접근할 수 있었다. 홍종우는 국내에서부터 김옥균과 가까운 사이였으며, 같은 정계 지도자였으므로 손쉽게 제안을 할 수 있었다. 즉 "10년간이나 일본에서 애썼으나 아무런 소득이 없으니 중국에 가서 이홍장李鴻章을 만나 그의 도움을 받는 것이 어떠하오? 그와는 미리 내통해 놓은 바 있으니 가 봅시다"라는 의견이었다. 그러나 이는 김옥균을 일본 내에서는 죽이기가 어려워 중국으로 유인하려는 흉계일 따름이었다. 그것도 모르고 김옥균은 일본인 비서 와다 엔지로和田延次郞를 데리고 홍종우와 함께 중국 상하이上海로 갔다. 드디어 홍종우는 1893년 3월 28일, 중국 내 미국 조차지租借地: 한

나라가 다른 나라로부터 빌려서 통치하는 땅] 안에 있는 일본인 여관 동화양행東和洋行에서 김옥균을 암살하는 데 성공했다. 그리고 그 시체를 군함 위원호威遠號에 싣고 텐진을 거쳐 인천항에 도착했다가, 다시 한양호漢陽號에 옮겨 싣고 한강을 거슬러 올라가 양화진에 상륙시켰다. 그리고 양화진의 번창한 길목에서 4월 15일 고균의 머리와 사지를 자르고 효수형에 처했다. 그때 그 형장에는 '대역부도 옥균大逆不道玉均'이라는 팻말이 여러 날 동안 세워졌다. 이것이 곧 고균 김옥균의 비참한 최후였다.

이 사건은 1866년 병인양요로부터는 27년 뒤의 일이요, 1882년 임오군란 때부터는 11년 뒤의 일이다.

이처럼 양화진은 불과 한 세대도 못 되는 동안 세 차례의 변란과 난세를 겪었다. 그러는 동안 그 평화롭고 아름답던 양화 나루터는 흉터로 변하고 말았다. 더욱이 흥선 대원군은 강화도에서 프랑스 군대를 격퇴시켰지만, 그 이전에 프랑스 군함이 양화진과 바로 서울 턱밑인 서강 나루까지 온 것도 물리치지 못한 치욕을 씻기 위하여 이를 갈았다. 그는 "오랑캐가 머물렀던 자리를 깨끗이 씻어야 할 텐데, 그것을 한강 물로 씻기엔 물이 너무나 아깝다. 차라리 그 자리는 오랑캐를 끌어들인 천주교도의 피로 씻으리라"고 하면서 양화진에서 천주교도들의 목을 베기 시작했다. 그전까지는 새남터나 서소문 밖을 형장으로 썼지만 이때부터는 양화진을 목을 베는 형장으로 삼았던 것이다.

이제는 독자들도 그 아름답던 덜머리, 용두봉, 버들 꽃이 만발했던 양화진이 어떤 연유로 절두산이라는 이름으로 바뀌게 되었는지 짐작할 것이다. 절두산이란 이름은 대원군이 지은 이름도 아니요, 천주교인들이 지은 이름도 아닌, 다만 그 참상을 지켜보던 민중들이 전해 온 말이다.

그 뒤 천주교회는 이곳을 천주교의 순교 성지로 지정했다. 병인교난으로부터 90주년이 되던 1956년에 마포구 합정동 96번지 일대 약 1천4백 평을 확보해서 절두산 위에 기념비를 세웠으며 노천露天 제대를 마련하여 성지 순례자들의 편의를 도모하였다. 1966년 순교 100주년을 맞이해서는 '병인순교100주년기념사업회'가 중심이 되어 전국 교인들의 절대적 후원으로 이곳에 순교자 기념관을 세우기에 이르렀다. 이제 병인순교기념관은 서울의 관문인 양화대교의 명소가 되었다.

깎아지를 듯한 묘한 절벽의 봉우리를 그대로 살려 한국적 토착성이 풍부하면서도 현대적 감각을 느낄 수 있는 이 기념관은 기념성당과 순교자 박물관과 교회사 연구소를 수용하고 있다. 박물관에 전시된 전시품을 통해 한국 천주교회의 유래와 그 발전 과정을 한눈에 볼 수 있으며, 또한 순교자의 유물·유품과 그분들이 옥고를 치를 때 쓰인 형구刑具 등은 상징적 성화와 더불어 순교자의 순교 정신을 알 수 있다.

이 성지에서 천주대전에 혈제血祭를 올리신 유명 무명의 순교자들에게 뜨거운 기구冀求를 드려 주시기 바라며, 숭고한 순교 정신을 본받아 이 땅에 의의 정신이 현양되도록 헌신하여 주시기를 간절히 바라는 바입니다.

또 그 성지 안내판에는 다음과 같이 쓰여 있다.

독재자 대원군은 프랑스에 향한 적개심과 앙심을 천주교에서 풀고자 교도 색출령을 강화하였고…… 양이洋夷에게 더럽혀진 국토를 사교邪敎들의 피로 씻어야 한다고 이곳 양화진에서 숱한 교인들을 학살하여 한강을 선혈로 물들였다…….

이곳은 1866-67년에 걸쳐 많은 천주교 신자들이 교회와 천주께 충성을 다하기 위하여 박해를 당하고 치명致命한 거룩한 땅입니다.

이같이 쓰여 있는 것을 보면서 이 글을 구상하게 된 것이다.

• 서울시 마포구 합정동 양화진에 위치한 서울외국인선교사묘지공원의 시작과 형성 과정 및 명칭 변화 등은 다음과 같다. – 편집자

연 혁

1890년 7월 28일 : J. W. 헤론이 최초로 묻히면서 외국인묘지가 시작되다.

1893년 10월 : 영·러·미·독·불 5개 공사가 공동명의로 한국(조선) 정부에 양화진 외국인묘지 주위 담장 설치를 요청하고 허락되다.

1904-1905년 : 양화진 외국인묘지의 확장을 요청하고 1905년에 인준되다.

1913년 : 일제의 토지조사사업 이후 토지대장에 '경성구미인묘지회Seoul Foreigner's Cemetery'가 소유자로 등기되다. 주소는 경성부 서부 서대문 밖 평동 독일총영사관.

1942-1945년 8·15 해방까지 : 태평양 전쟁으로 모든 외국인이 강제출국 당한 후 관리자 부재 상태가 되다.

1978년 : 서울시의 도시계획(양화대교 진입로 및 지하철 2호선 공사)에 따른 보상 문제로 확인해 본 결과 보상 대상이 불분명하여 경성구미인묘지회(대표 원일한)가 소유권 취득을 위해 수년간 노력했으나 외국인 토지법에 저촉되어 취득하지 못하다.

1985년 6월 17일 : 그간 방치되었던 경성구미인묘지의 관리 및 사업 계획에 관한 권한이 재단법인 '한국기독교100주년기념사업협의회'(이사장 한경직)에 귀속되면서 실질적인 묘지 조성의 시대를 열다.

1985년 6월 28일-1986년 10월 10일 : 100주년기념사업협의회는 '한국기독교선교기념관'을 완공하고, 경성구 미인묘지를 '서울외국인묘지공원'으로 개칭하다.

1986년 10월 : 100주년기념사업협의회가 선교기념관을 '서울유니온교회Seoul Union Church'의 예배 처소로 사용토록 하다.

2001년 5월-2005년 5월 : 마포구청(구청장 박홍섭)은 서울시의 지원을 받아 양화진 성지 공원화 사업을 추진하여 2003년에 지하 공영주차장과 지하차도를 건설하고, 2005년 5월에 '서울외국인선교사묘지공원' 조성을 완료하다.

2003년 9월 : 100주년기념사업협의회(이사장 강원용)는 양화진 묘역과 선교기념관 관리를 위해 양화진 묘역 내에 '한국기독교선교100주년기념교회'를 설립할 것을 의결하다.

2005년 4월-2005년 7월 : 100주년기념사업협의회는 4월에 100주년기념교회 설립추진위원을 선정, 7월 창립 예배를 드리다.

2005년 7월-현재 : 선교사묘지공원과 선교기념관을 100주년기념교회에서 관리하다.
(*2006년 5월, 100주년기념교회는 묘역의 공식 명칭을 '양화진외국인선교사묘원'으로 확정했다.)

1 병자들의 친구 헤론

J. W. Heron

한국 초대 선교사

내가 지금 끙끙대고 있는 작업이 한 폭의 거대한 군선도群仙圖를 그리는 데 목적이 있다면, 이제까지는 겨우 이 군선도의 구도를 잡고 밑그림을 그려 놓은 셈이다. 아니면 이제 겨우 배경을 그려 놓은 셈이다. 이 배경이란 양화진을 말한다. 그러므로 이제부터의 작업은 이 양화진에 묻혀 있는 수많은 외국인 열녀와 열사들을 더듬어 찾아내는 일이다. 그리고 그들 하나하나의 모습이 그림 위에서 돋보이게 하는 일이다.

우선 초대 선교사 헤론의 모습을 그려야겠다. 헤론으로부터 시작하는 이유는 헤론이 양화진에 묻힌 최초의 선교사이기도 하고, 그로 인해서 양화진 외인묘지가 생겼기 때문이다.

존 헤론John W. Heron. 그는 한국에 와서 혜론蕙論이라는 이름을 썼다. 태어나기는 1856년 6월 15일 영국에서였다. 회중교회의 경건한 목사인 그의 아버지는 헤론이 14세 되던 해에 미국으로 이민 가서 살 곳을 두루 찾다가 남부 지방에 이삿짐을 풀었다. 그의 아버지는 테네시 주에서 제일 큰 도시인 녹스빌에서 목회 생활을 하면서 자녀들을 양육했다.

헤론은 동 테네시 주 메리빌 대학을 졸업하고 이어 테네시 종합대학교 의과대학에 진학했다. 거기서 그는 개교 이래 최우수 성적으로 졸업했다. 때는 1883년, 그의 나이 27세였다. 졸업 후 헤론은 다시 뉴욕 종합대학 의과대학에 들어가 공부하고 블랙웰 아일랜드 병원에서 실습하면서 의사자격시험에 합격했다.

테네시 의과대학을 졸업하기 직전에 학교로부터 교수가 되어 줄 것을 요청받았지만 그는 이를 거절했다. 왜냐하면 이미 그 이전부터 조선의 선교사가 될 것을 꿈꿨기 때문이다. 헤론은 존스보로 의과대학 전 교수의 딸인 해티 깁슨과 결혼했다.

헤론이 선교사가 된 동기와 경위에 대해서는 잘 알려져 있지 않다. 어쨌든 그는 깁슨과 결혼한 해인 1884년 봄에 최초의 장로교파 조선 선교사로 정식 임명을 받게 되었다. 그리하여 이 신혼부부는 조선을 향해 떠나게 되었는데, 선교 본부는 "아직 조선에서 드러내 놓고 복음을 전하기는 시기상조"이므로 우선 일본에 가서 조선말을 배우다가 1885년 6월 21일에 입국하라고 했다.

의료활동과 문서선교

헤론보다 먼저 우리나라에 입국한 선교사가 있었으니, 의사인 알렌

H. N. 알렌
우리나라 최초의 서양식 병원인 광혜원을 세웠다.

H. N. Allen이었다. 알렌은 헤론보다 거의 1년이나 먼저 입국했지만 미국 장로교선교회 본부의 정식 임명을 받고 온 선교사는 아니었다. 그는 본래 중국으로 파송되었으나 1년간이나 정착하지 못한 채 방황하다가 조선에 와 있는 미국 공사와 외국인들이 양의洋醫가 없어서 고생하고 있다는 소문을 듣고 자진해서 조선 주재 외국인 공의公醫가 되어 온 사람이다. 알렌은 1884년 9월 20일 입국했는데, 조선 사람 중 아무도 그가 기독교 선교사인 줄 몰랐다. 그러다가 그해 12월 4일 갑신정변이 터지는 바람에 알렌은 일약 국립병원 원장이 되었다.

갑신정변이 일어났을 때 민영익閔泳翊이 칼에 맞아 크게 상처를 입었다. 그래서 급하게 한의사들을 불러들였지만 쩔쩔매기만 할 뿐, 환자의 상태를 호전시키지 못했다. 이때 미국 공사가 알렌을 추천하였고, 알렌은 빈사 상태에 있던 민영익을 회복시키는 의공醫功을 세우게 된다.

민영익은 죽지 않고 살아나게 된 기쁨과 고마움에 알렌에게 만 냥의 거금을 선사했고, 고종에게 천거하여 국립병원 곧 '광혜원廣惠院'을 세우게 하였다. 이것이 곧 우리나라 역사상 최초의 서양식 병원이자 세브란스병원의 전신이며, 이 병원으로 인해 우리나라에 복음 선교의 문이 열리게 되었다. 광혜원은 국립병원이었으므로 운영비도 국고에서 지출되었고, 선교사들은 국왕의 총애를 받기 시작했다.

1885년 2월 25일부터 문을 연 광혜원은 첫 1년 동안 265명의 환자를 입원시켰고 그중 150명에게 수술을 했다. 통원 치료만 받은 환자 수만 해도 무려 10,460명이나 되었다.

그런데 1887년 알렌이 주미 조선 공사관의 서기관으로 임명되어 가

● 광혜원
1885년 2월 알렌이 설립한 우리나라 최초의 서양식 병원으로, 뒤에 헤론에 의해 '제중원'으로 이름이 바뀌었다.

● J. S. 게일
1888년 캐나다 토론토 대학 YMCA에서 파송. 헤론의 제일 친한 친구로, 헤론이 죽은 뒤 그의 부인과 결혼하였다.

는 바람에 그다음으로 헤론이 2대 원장이 되었다. 그와 동시에 헤론은 알렌의 뒤를 이어 고종의 시의侍醫로 임명되었다. 임금의 시의가 되면 으레 높은 벼슬을 가져야 하는 법이기에 그에게는 먼저 '가선대부嘉善大夫'라는 높은 벼슬이 주어졌고, 그때부터 그는 혜 참판惠參判으로 통했다.

혜 참판은 고종 황제와 명성황후의 총애를 받으면서 왕족들을 가까이 모셨다. 대궐 안에서 고관들과도 자주 만났다. 외국 사신이 오면 으레 궁으로 들어가서 시중을 들고, 왕족 가운데 누가 아프기라도 하면 의료 시중을 들어야 했다. 명성황후 민씨는 헤론의 부인을 무척 총애해서 잔치가 있을 때마다 반드시 참석하게 했다. 이렇듯 헤론 의사 내외는 고종과 명성황후의 극진한 사랑을 받으면서 차근차근 기반을 닦아 갔다. 더욱이 국립병원은 날로 번창해 갔다.

그러나 헤론은 광혜원이라 이름한 이 병원을 제중원濟衆院으로 바꾸고 정릉 외국인 거주지에서 구리개仇里介: 지금의 을지로 1가와 2가 사이에 있었던 나지막한 고개 이름로 이사를 갔다. 왜냐하면 왕실의 총애만 받으며 특권층에만 의료 혜택을 베풀 것이 아니라 가난한자, 병든 자들에게도 베풀고자 하는 생각이 간절했기 때문이다.

당시 백성의 건강 상태는 매우 비참했다. 한 병원 보고서에 따르면 "조선 사람들의 절반은 천연두로 죽습니다"라고 전제한 다음 "매독은 아주 흔한 병입니다. 회충 환자가 1년간 760건이나 됩니다. 돌싸움과 활쏘기를 하다가 다친 환자도 꽤 많습니다. 피부병과 무좀은 백성 거의 전부가 걸려 있습니다. 학질은 만병의 근원이 되어 있습니다. 각기나 디스토마 환자도 많습니다. 환자들에게 약을 주면 잘 먹긴 하는데 술을 많이 마시고 음식을 조심하지 않아서 아무리 수술을 잘해도 효과가 나지 않습니다. 환자의 통계를 보면, 장티푸스 환자가 1,147명, 소화불량과 기타 환자가 3,032명, 유행성 감기가 114명, 호흡기 환자가 476명, 정신병 환자가 833명, 성병 환자가 1,902명, 눈병 환자가 105명, 피부병 환자가 845명, 부인병 환자가 67명이었습니다"라고 했다.

이 보고서는 1885년 4월 10일부터 그해 말까지의 통계이다. 이 통계로 당시 조선의 질병 상태를 충분히 엿볼 수 있다. 천연두는 어찌나 심했던지 왕실에까지 침입하여 궁궐 안에서도 무당과 판수[점치는 일을 업으로 삼는 소경]가 자주 출입했으며, 명성황후의 소생 하나가 죽고 엄비의 소생 하나는 곰보가 된 것도 잘 알려진 사실이다.

이 보고서에는 천연두만 언급되어 있고 다른 전염병에 대한 통계가 없는데, 1885년에는 큰 전염병이 돌지 않았던 모양이다. 그러나 전염병 중에는 콜레라가 가장 무서웠다. 천연두는 아이들의 병이지만 콜레라, 페스트, 장티푸스 같은 괴질은 남녀노소 고하귀천을 가리지 않고 인명을 마구 빼앗아 갔다. 이 전염병이 한번 휩쓸고 지나간 뒤에는 떼죽음이 생겼다. 그리하여 초대 선교사들은 제일 먼저 전염병 방지에 애를 먹었다.

콜레라가 엄습해 오자 평양감사는 "이 괴질은 만주 쪽에서 오는 것이니 그 길목에다 장승을 세워라. 띄엄띄엄 한길을 가로질러 개골창을 파서 오다가 빠져 죽게 하라"는 명령을 내렸다. 이것을 보고 그 당시 평양에 있던 마페트 Samuel A. Moffett는 "그것은 어리석은 짓입니다. 날것을 먹지 말고 설익은 참외도 먹지 말고 물은 반드시 끓여서 먹어야 합니다.

옷을 깨끗이 빨아 입고, 집 안팎을 청결하게 해야 합니다"라고 했지만 민중은 코웃음만 칠 뿐이었다.

이런 상황에서 병원을 시작한 헤론의 고충이 얼마나 컸을지 짐작할 수 있을 것이다. 헤론은 밤낮 쉬지 않고 병자들을 돌봤다. 그의 희생적인 의료봉사는 정말 놀라웠다.

그러나 헤론은 병자를 돌보는 일 뿐 아니라 성서번역에도 눈부신 활동을 했다. 초대 선교사에게는 어떻게 하면 빨리 성경을 번역하느냐가 관건이었기 때문이다.

이미 서상륜徐相崙 역과 이수정李樹廷 역이 나오긴 했지만 그것들은 중국어와 일본어를 번역한 것이므로 성경을 다시 번역하지 않으면 안 되겠다는 것이 선교사들의 일치된 의견이었다. 그래서 1887년에 성서번역 상임위원회를 처음으로 조직했는데, 헤론은 그 네 명의 번역위원 중 한 사람이었다. 그는 병원 업무를 마치고 집에 돌아와서는 밤늦게까지 성서번역에 골몰했다.

헤론이 이룬 또 하나의 공헌은 한국성교서회[聖敎書會: 대한기독교서회의 전신]를 창설한 일이다. 교회 설립도 중요하지만 성서와 기독교 문서를 출판하는 일도 매우 중요하다고 생각한 헤론은 기독교 문서 출판을 제일 먼저 제창한 선교사가 되었다. 이에 대하여 교회사가 백낙준은 "기독교서회는 헤론 의사의 창안에 따라, 또한 언더우드 박사가 미국과 영국 기독교서회에서 재정 원조를 받아옴으로써, 또한 올링거F. Ohlinger의 조직력에 따라 창설되었다" 라고 말했다.

한국성교서회가 창설된 것은 1890년 6월 25일, 헤론이 세상을 떠나기 바로 한 달 전이다. 죽기 며칠 전까지도 아픈 몸을 이끌고 6백여 리나 되는 먼 시골에 가서 병자를 치료해 주던 헤론은 전염성 이질에 걸려 앓다가 1890년 7월 26일 결국 숨을 거두고 말았다. 그의 나이 33세, 한국에 온 지 불과 5년 만에 생긴 불행이었다. 헤론은 병원, 성서번역, 기독교 문서 등으로 복음 전파의 기초 공사를 이루어 놓고, 이제 큰 건축을 하리라 마음먹고 있을 그때에 쓰러지고 말았다.

동료 선교사들은 미국 공사와 논의 끝에 헤론을 조선 땅에다 묻기로 하고 양화진을 묘지로 결정했다. 양화진은 본래 선교사들이 자신들의 주거지로 삼으려고도 했던 장소였다. 그러나 조선 왕실은 이를 허락지 않고 전혀 다른 곳을 지정하였다.

그래서 선교사들은 미국 공사의 정식 양해하에 정동 미국 공사관 경내에 임시 묏자리를 정했다. 그러자 이것 때문에 말썽이 생겼다. 외국인의 시체를 성 안에다 묻는 것은 흉조가 아니냐면서 왕실뿐 아니라 일반 민중까지 들고 일어났던 것이다. 그러자 선교사들은 외교 공세를 취했다. 즉 미국 공사를 비롯하여 러시아·프랑스·독일 등 5개국 공사의 공동 명의로 양화진을 외국인 공동묘지로 허락해 줄 것을 청원한 것이다. 그리고 1893년 10월 24일 드디어 정식 허락 아래, 헤론 의사의 유해는 양화진으로 이장될 수 있었다.❖

❖ 헤론의 유해가 미국 공사관 경내에 임시로 매장되었다가 3년 뒤에 양화진으로 이장되었다는 견해와 달리, 헤론은 죽은 뒤 이틀 뒤인 1890년 7월 28일 곧바로 양화진에 묻혔다는 기록이 여러 문건에서 발견되었다. 이 내용과 관련해서는 한국기독교역사연구소 연구실장 김승태의 논문 "양화진 외국인 묘지와 한국 개신교", 〈양화나루·잠두봉의 역사·문화적 위상 재조명을 위한 학술발표회 논문 자료집〉 2005, 72-77쪽을 참조하라. –편집자

그러면 어찌하여 조선 왕실은 양화진을 허락해 주었을까? 단순한 외교 공세 때문이었을까? 아니면 고종 황제의 특혜로 된 것일까? 확실한 기록은 없지만 고종은 아버지 대원군이 저지른 천주교도들에 대한 죄과를 속죄받는다는 뜻에서 그러한 특혜를 내렸던 것이 분명하다.

마지막 숨을 거두는 순간까지

헤론의 선교와 의료 활동은 1890년 그의 죽음과 함께 끝났다. 그러나 그는 동료 선교사들에게 큰 감명과 교훈을 남겼다. 그 증거는 기퍼드 Daniel L. Gifford가 쓴 헤론에 관한 글에서 볼 수 있다.

> 헤론은 청교도적인 성격과 무사적인 성격을 겸비하고 있었다. 그는 원리와 명예에 어긋나는 일은 절대로 하지 않았다. 그는 사회적 책임감이 강하고 매사에 정확하고 엄격했다. 대인관계는 직선적이었으며, 자기 과오에 대해서도 솔직하고 공개적이었다. 그의 인간성은 아주 예민하면서도 신앙적이었다. 그는 지칠 줄 모르는 정력과 풍부한 잠재력의 소유자였다. 어떤 점에서 그는 아주 보수적이었다.
> 예를 들어 1888년 조선 왕실로부터 선교활동을 억제당하여, 여러 선교사들이 우왕좌왕하며 곤경에 빠져 있을 때 헤론만은 그의 강한 의지력을 발휘하여 저 유명한 '보다 조용한 사업정책'을 채용하게끔 했던 것이다. 그때 만약 헤론이 너무 지나치게 침묵을 지켰던들 어찌되었을까? 그러나 그의 사업은 조금도 위축되지 않았던 것이다. 또한 그는 병

상에 누워 마지막 숨을 거두는 순간, 자기 심복들을 가까이 불러오게 한 뒤 그들에게 주 예수 그리스도의 구원이 임할 것을 기도했는데, 그때의 광경은 지금도 우리 눈에 선하다. 그리고 흔히 사람들은 잘 모르는 사실인데, 한국성교서회의 창설은 헤론의 머리에서 나왔던 것이다. 다시금 강조하는바, 그는 단순히 헌신적인 의료 사업가만이 아니라 선교 사업의 모든 부문을 맡아 걱정하는 사람이었다. 그리고 만약 선교 사업이 어떤 방해를 받거나 외부로부터 어떤 압력을 받는다고 생각되면 그는 즉시 이에 대한 대응책을 강구하고 용감하게 싸웠던 것이다.

끝으로, 기퍼드는 헤론의 인간성을 이렇게 평했다.

헤론의 성격은 오래 사귄 뒤에야 진가를 알 수 있다. 그는 의지적인 사람이며 자기 책임은 철저히 지켰다. 더욱이 그는 의사로서 강한 희생 정신과 사랑의 정신과 인술로 모든 어려운 의료 사업을 담당해 냈다. 절대로 불평하지 않았다. 직원들이 공급을 허비하는 사례가 가끔 있었는데, 그때에도 그들을 용서하고 도리어 딴 데서 벌어 가지고 갚아 주었다. 그는 자기 몸을 아끼는 법이 없었다. 그는 과로와 정신적 긴장 때문에 기진맥진하여 질병의 희생물이 되고 말았다.
그의 이러한 열화 같은 정신력 때문에 조선인들은 가끔 그 앞에서 쩔쩔매는 때도 있었으며, 또한 그들은 헤론의 사랑과 열정을 잘 알고 있었기 때문에 그를 퍽 존경했다. 그러나 이 강직하고 진실하고 강력한 헤론 의사는 그를 존경하는 모든 사람과 영영 유명을 달리하고 말았구나.

이상 기퍼드의 글은 〈코리안 레포지토리 The Korean Repository〉 1897년 12월호에 실린 것이다. 이 글만으로도 크게 느낄 수 있을 만큼 헤론은 많은 사람에게 감명을 준 선교사였는데, 그중 제일 가까운 친구는 게일 James S. Gale이다. 여기서 게일에 대한 이력은 생략하고 헤론과 관계된 일화 하나만 소개하겠다.

당시 게일은 총각이었다. 그는 친구인 헤론이 죽자 그의 부인과 결혼하였다. 헤론이 죽은 지 2년 뒤인 1892년, 그때 게일은 30세의 총각이었고, 헤론의 부인은 33세인 데다가 전 남편의 아이가 둘이나 있는 과부였다. 게일은 또 전 남편의 아이들을 자기 호적에 넣되 '헤론'이라는 성은 그대로 남겨 두도록 했다. 아이들의 미국인 성을 그대로 둠으로써 아이들의 장래가 더 좋아지리라는 생각에서였다. 곤당골에다 신방을 차리고는 거기서 한국 고아들을 돌보며, 무어와 손잡고 1893년 곤당골에 교회를 세웠다. 이것이 바로 오늘날 서울 인사동에 있는 '승동교회'의 전신이다.

2 한국 선교의 아버지

언더우드

H. G. Underwood

한국 선교의 소명을 받다

연세대학교 총장실 앞마당에 동상 하나가 서 있다. 그 동상 명문銘文에 다음과 같이 기록되어 있다.

이 동상은 에취·지·언더우드 박사라. 쥬강생[主降生:주님 오신 날] 천팔백팔십오 년 사 월에 박사 이십오의 장년으로 걸음을 이 땅에 옮겨 삼십삼 년 동안 선교의 공적이 널리 사방에 퍼지고 큰 학교론 연희전문이 이루히니 그럴사 박사 늙으시도다. 신학문의 높은 학위는 박사 이를 빌어 무거움이 아니라 얼굴로 좇아 얼른 살피기 어려우나 이렇듯이 연세보다 지나 쇠함을 볼 때 누구든지 고심으로 조선민중의 믿음과 슬기를 돕든(던) 그의 평생을 생각할지로다. 베푼바 날로 늘어감을 따라 우리의 사모―갈수록 깊으매 적은 힘을 모아 부은 구리로서나 방불함을 찾으려 함이라 뉘 박사의 일생을 오십칠 세라 하더뇨. 박사—의연히 여기 계시도다.

천구백이십칠 년 시 월 삼십 일

조선인 동지 일동

고어체로 된 이 동상의 명문은 위당爲堂 정인보鄭寅普 선생이 지었다고 한다. 언더우드, 곧 원두우元杜尤 목사가 이승을 떠나신 지 12년 뒤인 1928년 4월 24일 이 동상이 연희전문 교정에 세워졌다.

그런데 이 동상은 일제 말기 일본인들의 손에 빼앗기었으므로 8·15 해방 뒤 1948년 10월 16일 다시 세워졌으며, 한국전쟁 때 공산 침략군의 손에 또다시 파괴되어 1955년 4월 22일 세 번째로 세워졌다.

이처럼 원두우 목사는 이승을 떠난 뒤에도 우리 민족의 비참한 역사와 더불어 고락을 같이한 어른이다. 마치 살아서 고락을 같이했듯이! 그래서 우리는 더욱 원두우 목사의 은덕을 기리게 된다.

동상이 세 번째로 세워질 때 거기 참석했던 원두우 목사의 장손 원일한 씨는 "나는 언더우드 가문 중에서 1차·2차·3차 동상 제막식에 참석한 유일한 생존자이며…… 오늘의 동상이 영원히 보존되고 앞으로는 전란으로 인하여 다시 세우는 일이 없기를 바라며…… 연희학원의 발전을 축원한다"라고 말했다.

그가 언더우드 가문 중 유일한 생존자라 한 까닭은 이미 그때는 자기의 부모 즉 언더우드 2세 원한경 박사 내외도 세상을 떠났기 때문이며, 자기 동생들은 아마 너무 어렸거나 국내에 없었기 때문이 아닌가 싶다.

언더우드의 본명은 호러스 그랜트 언더우드Horace G. Underwood, 한국 이름은 원두우이다. 그는 1859년 7월 19일 영국 런던에서 6남매 중 넷째 아들로 태어났다. 그리고 겨우 다섯 살 되던 해에 어머니를 여의고 열세 살 때 아버지를 따라 미국으로 이민 갔다.

미국으로 이민 간 언더우드는 1877년 열아홉 살 때 뉴욕 대학에 입학했다. 집안이 몹시 가난하여 20여 리 길을 걸어서 통학하면서 4년간의 학업을 마친 뒤 우수한 성적으로 1881년에 졸업했다. 그러나 언더우드는 졸업 직후 다시 미국 개정교파改正敎派의 뉴부런즈윅 신학교에 입학하여 1884년에 졸업하고 목사 안수를 받았다.

목사가 된 뒤 언더우드는 인도 선교에 뜻을 두고 준비하기 시작했다. 그는 질병으로 고통 받는 인도 사람들에게 봉사할 목적으로 1년 동안 의학과 인도어를 공부했다.

그런데 이상하게도 그에게 한 음성이 들려왔다.

"왜 너는 조선으로 가지 않느냐?"

평소 조선 선교에 대한 소식을 듣지 못한 바는 아니었지만, 이처럼 하나님의 부르심을 받으리라고는 꿈에도 생각지 못했다.

드디어 미국북장로교선교부는 1884년 7월 28일을 기하여 언더우드를 초대 조선 선교사로 정식 임명했다. 언더우드는 우선 영국에 가서 친척들에게 작별인사를 하고 곧바로 미국을 거쳐 1884년 12월 16일 샌프란시스코에서 배편으로 다음 해 1월 일본에 도착했다.

그는 일본에 두 달 동안 머물며 개척 선교사로서 갖추어야 할 몇 가지 준비작업을 했다. 우선 조선말을 익히기 위하여 적당한 사람을 찾던 중 당시 일본에 망명 중이던 이수정이 번역한 마가복음서를 발견하고 깜짝 놀라지 않을 수 없었다.

"아! 내가 개척 선교사인 줄 알았더니 조선 사람이 앞질러 성경을 번역했군!"

이렇게 감탄하면서 조선으로 가는 배에 오르니 때마침 1885년 4월 5일, 부활절 아침에 인천 부두에 상륙하게 되었다.

일설에 의하면 언더우드는 같이 오던 감리교의 개척 선교사 아펜젤러와 더불어 조선 땅을 먼저 밟으려고 다투었다고 한다. 그러나 그것은 다만 억측에 불과할 뿐, 언더우드는 부인을 동반하여 상륙하는 아펜젤러에게 여성 존중의 신사도를 발휘하였다.

그런데 그때는 갑신정변이 일어난 지 불과 4개월밖에 안 되어 정국이 불안한 시기였으므로 부인을 동반한 아펜젤러는 입국을 거절당했다. 더욱이 그 부인이 임신 중이었으므로, 일본에 돌아가 있다가 적당한 시기에 다시 오라고 하는 미국 공사의 지시 때문에 아펜젤러 부부는 언더우드보다 먼저 우리나라 땅만 밟았을 뿐, 일본 나가사키에 가 있다가 몇 달 뒤에야 정식으로 입국할 수 있었다.

반면 독신으로 온 언더우드는 입국이 허락되어 4월 7일에 서울에 도착할 수 있었다. 그가 미국을 떠날 때 주위에서는 "어떻게 독신으로 이 역만리 외국에 갈 수 있겠느냐" 하고 걱정하는 사람들도 많았다. 그러나 그것이 도리어 복이 되었다고나 할까? 여성에게 우선권을 주지 않을 수 없어 선교지의 땅을 먼저 밟는 영광을 포기했던 언더우드가, 결과적으로는 개신교 목사로서는 제일 먼저 우리나라에 정식 입국하는 영광을 차지하게 된 것이다.

한국 선교의 선구자 역할

너무나 널리 알려져 있기에 언더우드의 행적을 장황스럽게 쓸 필요는 없다고 본다. 기독교계에서만 아니라 일반 사회적으로도 큰 공로자로 알려졌기 때문에 1963년 8월 15일 광복 18주년을 맞아 한국 정부는 언더우드에게 대통령상을 포상하기도 했다. 이보다 앞서 고종 황제는 그에게 태극훈장을 내린 바 있고, 그가 세상을 떠나자 대한예수교장로회총회는 그를 총회장으로 모시고 기념비를 세웠다. 이 기념비는 지금 새문안교회 마당에 세워져 있다.

언더우드는 처음 서울에 입성한 지 사흘 만인 4월 10일부터 알렌이 개설한 광혜원에서 화학과 물리학을 가르쳤다. 그러면서 열심히 우리말을 익혔다. 어찌나 열심히 공부했던지, 시작한 지 불과 1년 만에 전도를 할 수 있을 만큼 능숙해졌다.

1886년에는 고아원과 고아학교를 창설하였다. 그때 4, 5세 된 고아 하나가 언더우드의 따뜻한 보살핌 속에서 자라게 되었다. 이 고아가 커서 언더우드의 비서가 되고, 그 뒤 새문안교회 초대 장로가 되었으니, 그는 다름 아닌 김규식金奎植 박사이다.

새문안교회
1887년 9월 27일 언더우드 집 사랑방에 14명의 창설교인이 모여 시작되었다.

노도사
언더우드에게 세례를 받고 국내 최초의 세례교인이 된 노도사는 원래 헤론에게 우리말을 가르치다가 성경책을 훔쳐 갔던 사람이다.

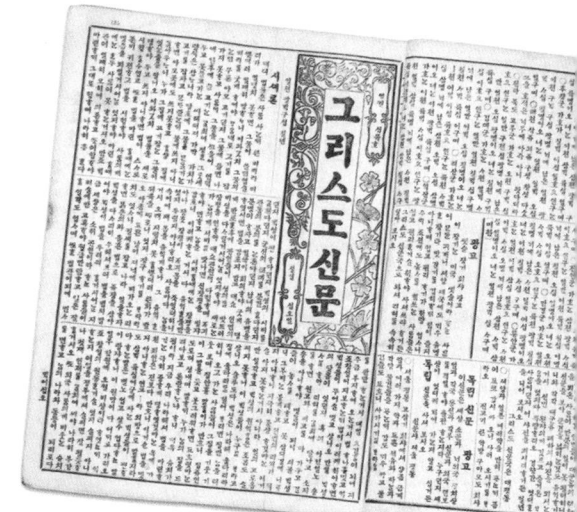

그리스도신문
1897년에 언더우드가 주간·편집 및 발행인으로 창간한 기독교 신문으로, 교계에 새로운 지식과 영적 양식을 제공하였다.

이와 같이 언더우드도 처음에는 직접 전도하기보다는 병원사업·고아 사업·교육 사업에 치중하다가 마침내 우리나라 최초의 프로테스탄트 교회를 세웠는데, 이것이 곧 새문안교회이다. 입국한 지 3년째 되던 1887년 9월 27일, 14명의 교인들이 언더우드의 집 사랑방에 모여 두 사람의 장로를 세워 당회를 조직하였다.

이보다 앞서 언더우드는 노도사(盧道士)라는 사람에게 처음으로 세례를 베풀었다. 이 사람은 국내 최초의 세례교인으로, 헤론에게 우리말을 가르치다가 성경책을 훔쳐 갔던 사람이다.

언더우드는 학자이면서 한국어의 대가였다. 1889년에는 한국어 문법과 한영사전을 편찬·간행했으며, 성서번역에 재능을 발휘하여 성서번역위원회를 조직하여 별세할 때까지 그 초대 위원장으로 시무했다. 특히 그는 신구약 성경을 번역하되 순 우리말로 번역했으며 순 한글로 표현했다. 그는 사서삼경을 줄줄 외우는 한학자이기도 했지만 성서를 번역할 때는 한자 말투를 배제하고 순 우리말을 채용함으로써 우리 문화사의 금자탑을 쌓았다.

또한 그는 언론인이자 편집인이었다. 한국성교서회를 조직할 때에도 언더우드가 거액의 원조를 받아 왔으며, 별세할 때까지 회장으로 지냈다. 1897년에는 〈그리스도신문〉이라는 주간신문을 창간하였는데, 이 신문이 우리 교계에 새로운 지식과 영적 양식을 제공한 것은 말할 것도 없거니와 비신자들을 교회로 인도하는 데도 많은 도움을 주었다. 또한 당시 정부에서도 상당히 많은 부수를 사들여 갈 정도였다.

한국의 찬송가 역사에서도 그는 선구자가 되었다. 1893년 이전까지는 찬송가가 있더라도 몇 장씩 낱개로 돌아다니던 것을, 언더우드 혼자 150장을 번역, 책으로 엮어 1893년에 간행했다.

언더우드는 여행가요 탐험가였다. 그는 제일 먼저 황해도 장연과 송천을 방문하여 교회를 세웠으며, 평양과 강계를 거쳐 압록강까지 오지 여행을 하면서 전도했다. 1889년 3월에 홀튼과 결혼한 뒤, 밀월여행을 탐험여행으로 대신하였다. 즉 신부는 가마 타고 신랑은 말 타고 서울에서부터 의주까지 여행을 했다. 그는 우리나라뿐 아니라, 일본·중국·러시아는 물론, 시베리아 철도를 타거나 인도양에서 배를 타고 유럽 각지를 순방하였고, 미 대륙은 물론 예루살렘 성지순례도 했는데, 이러한 여행은 모두 이 땅에 하나님의 나라를 세우기 위함이었다.

언더우드는 위대한 정치가였다. 물론 그가 삼군을 거느리거나 국정을 관장하는 장관은 아니었지만 각 방면에 정치적 수완을 발휘하여 불가능을 가능으로 변화시키는 일을 많이 했다. 미국남장로교회를 한국에 끌어들인 장본인도 그였고, 캐나다장로교를 끌어들인 장본인도 그였으며, 미국 각지를 순방하면서 거액의 선교비를 모금하여 각 기관에 배당한 가장 큰 공로자도 그였다. 그는 또한 선교사연합회를 조직하여 교회연합사업을 주도했으며, 국제 YMCA를 끌어들여 오늘날의 한국 YMCA가 있게 했다.

언더우드는 평화의 사도요 민족의 은인이었다. 1895년 명성황후가 일제에 의하여 시해당했을 때 고종을 보살폈고, 1905년 일제가 조선의 주권을 빼앗을 때 가장 맹렬하게 반대한 선교사가 그였다.

언더우드는 위대한 교육자요 청소년 지도자였다. 고아학교로 시작했던 것이 오늘날 역사적인 경신중고등학교가 되었다. 그는 경신학교 초대 교장으로 있을 때부터 최고 학부를 세우고자 애썼다. 드디어 1915년부터 종로 YMCA 지하실에서 오늘날 연세대학의 기틀을 잡기 시작했는데, 동료 선교사들 중에도 그를 반대하는 사람들이 많았기 때문에 고충이 이만저만이 아니었다. 더욱이 당시 조선총독부는 교육령에 의하여 교육을 하려면 강의도 일본말로만 해야 한다고 정해 놓았기 때문에 언더우드는 환갑이 다 된 노인의 몸으로 일본에 가서 일본어를 배우기도 했다. 그러다가 지쳐서 휴양차 미국에 갔는데 병세가 악화되는 바람에 다시는 한국 땅을 밟지 못하고 말았다.

때는 1916년 10월 12일, 그때 언더우드의 나이는 58세였고, 우리나라에 온 지 31년 만이었다. 친지들은 거액을 장만하여 한국 땅에 장사 지내라고 했으나 홀튼 부인은 그 돈을 장사 비용으로 써 없애는 것보다 한민족을 위해 유용하게 쓰는 것이 좋겠다고 해서 협성보통학교와 성경구락부를 세웠다. 그러나 협성보통학교는 일제의 탄압으로 흐지부지 없어졌고 성경구락부는 해방 후 매각되어 새문안교회 교육관 건립비로 희사되었다.

홀튼과의 만남

언더우드의 부인 이름은 릴리아스 홀튼Lillias S. Horton이고, 우리나라에는 1888년 봄에 왔다. 홀튼은 북장로교선교부가 광혜원에 제2대 부인과 과장으로 파송한 여의사이다.

초대 부인과 과장은 엘러즈Annie Ellers인데 그녀는 1886년부터 북장로교선교부의 파송을 받고 와서 일하다가 그 이듬해인 1887년 벙커D. A. Bunker와 결혼하게 되어, 그 후임 과장으로 홀튼이 파송된 것이다.

홀튼은 1888년 봄, 오자마자 그 중책을 넘겨받았다. 당시 조선의 사정은 들으나마나 비참하고 한심했다. 입국한 지 한두 달 될 즈음 항간에는 허무맹랑한 유언비어가 나돌기 시작했다. 외국 사람들이 조선 아이들의 눈알을 빼어다가 안경알을 만들고, 염통을 빼어다가 양약을 만들어 판다는 것이었다. 이 낭설은 본래 조선으로 이민을 많이 오는 일본인들이 미워서 중국인들이 지어낸 소문이었다. 그러나 결과적으로 당한 쪽은 일본인들이 아니라 서양인들이었다. 그 중에서도 선교사들이었으며, 선교사들 중에서도 병원에서 환자들과 수시로 접촉하는 의사들이 큰 어려움을 겪었다. 왜냐하면 서양 의사들은 키가 크니까 저건 도깨비다, 눈알이 새파라니까 저건 귀신이다 하며 무서워했기 때문이다. 그래서 서양사람들을 양귀자洋鬼子 즉 양도깨비라 불렀으며, 이 양도깨비들이 아이들을 꼬여서 무슨 신통한 약을 먹이고 살살 얼러 잡아다가 눈알과 염통을 빼어 간다고 했다.

이 낭설은 결국 민중 폭동으로까지 번지게 되었다. 이것이 이른바 '아기 소동'이다. 격분한 군중들은 몽둥이를 들고 "양인들 잡아라" 하고 고함을 치며 떼 지어 다녔다. 이런 상황에 어떤 대갓집 하인이 매 맞아 죽기도 했다. 왜냐하면 그 하인이 서양사람들의 앞잡이 노릇을 한다고 오해받았기 때문이다.

이때 외국인들은 바깥출입을 얼씬도 할 수 없었다. 각국 공사들은 외

언더우드 부인 릴리어스 홀튼
1888년 광혜원에 여의사로 파송되어 왔다가
1889년 언더우드와 결혼하였다.

《상투쟁이들과 더불어 15년》
1904년 발행된 언더우드 부인의 선교 체험 보고서.
미국기독교서회에서 출판하였다.

국인 출입금지령을 내렸다. 제물포에 주둔하고 있던 미국 해병대는 서울로 급파되어 외국인 보호에 나섰다. 보따리를 싸들고 도망칠 채비를 하는 외국인들도 없지 않았다.

그러나 홀튼은 병원 근무를 중단할 수 없었다. 그래서 가마를 타고 다녔다. 집에서 병원까지는 가까운 거리였지만 네 사람의 가마꾼이 멘 사인교四人轎 속에 숨어 다녔다. 그런데 하루는 가마꾼이 와 주지 않았다. 서양사람의 가마를 메고 다닌다는 이유로 심한 매를 맞았기 때문이다.

그 뒤 폭동은 차츰 진정되었으나 가마꾼들은 여전히 와 주지 않았다. 그래서 걸어 다닐 수밖에 없었는데, 그때 언더우드가 홀튼을 보호해 주기 위해 나섰다. 언더우드는 처음 입국하여 얼마간 광혜원에서 일했다. 처음에는 의사를 돕는 조수 일도 하고 간호사 구실도 했다. 청소도 하고 심부름도 했다. 그런 때인 만큼 약한 여의사가 혼자서 바깥출입을 하는 것을 어찌 보고만 있을 수 있었겠는가? 이 '불덩어리' 총각 언더우드는 홀튼 양의 호위병이 되기로 결심했다. 걸어 다닐 때에는 그녀의 수행원이 되어 주고, 말을 타고 다닐 때에는 마부가 되어 주었다. 자기의 신변도 위험했지만 홀튼의 신변보호를 위하여 최선을 다했다. 그러다가 이 처녀 총각이 연애를 하게 되었고 드디어 1888년 가을, 정식으로 약혼을 했다.

언더우드는 원래 다른 여자와 약혼한 경험이 있었다. 그가 미국을 떠나기에 앞서 선교의 동반자가 필요해서 한 여인과 약혼했으나, 그 약혼녀는 선교에 관심도 없었고 언더우드의 큰 포부에 대해서도 아무런 존경심을 갖지 않았다. 그러니 장차 개척 선교사가 감당해야 할 엄청난 고생과 역경을 이겨 낼 자신도 없어서 결국 파혼하고 말았던 것이다.

홀튼 역시 이 사연을 알고 있었다. 언더우드가 미리 자신의 과거를 고백했기 때문이다. 그러나 홀튼은 이미 각오를 하고 선교사로 온 사람인 만큼 그런 사건에 대해 구태여 심각한 고백으로 들을 만큼 큰 문젯거리가 되지 않았다.

홀튼이 명성황후의 시의로 지낸 덕분에 홀튼과 언더우드는 1889년 3월, 황후의 특별대우를 받으면서 화촉을 밝혔다. 결혼식 장소도 명성황후가 주선해 준 정자였다. 황후는 자기가 직접 참석하지는 못했지만 고관들이 함께 참석해서 축하하도록 격려했다. 많은 외국인과 동료 선교사들의 축복 속에 결혼식은 성대히 치러졌다.

한편 언더우드는 결혼하기 2년 전에 새문안교회를 창립했지만, 그때까지도 드러내 놓고 자신이 예수 그리스도의 복음을 전하러 온 선교사라는 것을 공언할 수 없는 처지였다. 그때만 해도 금교령이 풀리지 않았으며, 왕실은 알고도 모르는 체하는 때였다. 그런 때에 그가 왕비의 시의와 결혼하게 되었으니 일약 주목받는 인물로 등장하게 된 셈이다. 말하자면 무명 인사가 임금의 시의에게 장가를 드는 바람에 왕과 왕실로부터 존경을 받는 사람이 되기 시작한 것이다.

언더우드 부부의 신혼여행기

서울에서 화촉을 밝힌 언더우드 부부는 신혼여행을 떠났다. 그런데 이 신혼여행은 흔히 볼 수 있는 달콤하고 화려한 여행이 아니었다. 아주 위험한 오지탐험이자 선교 개척을 위한 시찰여행이었으며, 이 나라의 풍토와 풍속과 언어생활에 관한 연구여행이었다. "땅 끝까지 가서 내 증인이 되라"는 예수님의 명령을 받고 한국에 온 이 두 젊은이는 결혼 기념 신혼여행을 탐험여행으로 대신했던 것이다. 홀튼이 쓴 《언더우드 전기 Underwood of Korea》의 한 구절을 그대로 옮겨 적으면 다음과 같다.

> 때는 1889년 3월, 언더우드와 나는 결혼식을 올렸다……. 언더우드는 위험을 무릅쓰고 북쪽 국경지대까지 이미 두 차례나 여행을 한 경험이 있었다. 그때마다 그는 민중으로부터 따뜻한 인정과 친절과 대접을 받았었다. 그러한 경험으로 해서 그는 이번에도 하나님의 가호로 무사히 여행을 할 수 있으리라고 믿게 되었다. 더욱이 우리는 미국 공사로부터 여권을 받았으며 조선 조정에서도 우리에게 여권을 발급해 주었다. 그리고 지방 장관들에게 우리가 '짐 싣는 조랑말을 요구하거나 돈이나 양식이나 담요 같은 것을 요구하면 요구대로 다 주라(차후 서울에서 그 대가를 지불하기로 하고)'고 명령했기 때문에 여간 다행이 아니었다.
> 우리는 송도·평양·강계 그리고 북쪽 국경 도시인 의주까지 갔다. 그곳에서 우리가 발견한 사실은 민중들이 기독교에 대하여 상당히 관심이 있다는 점이었다.
> 그러나 기독교에 대한 대다수 사람들의 지식은 매우 불완전한 것이었으며, 어떤 사람들은 우리에게서 무슨 일자리나 먹을 것을 바라기도 하고, 또 어떤 사람들은 기독교를 단순한 개화사상으로 알고 크게 기대하기도 했다. 그러나 그 중에는 참다운 신자들도 없지 않아서 우리

에게 큰 기쁨을 안겨 주었다.

우리는 가끔 곤욕을 치르기도 했다. 난폭한 민중과 구경꾼들의 습격을 받았기 때문이다. 어떤 지방 장관들은 우리에게 여관도 주지 않았기 때문에 우리는 단호한 태도로 법적으로 따진 다음에야 겨우 여관을 얻곤 했다.

우리는 캄캄한 밤중에 호랑이가 으르렁거리는 계곡을 통과했으며, 강도 떼를 만나기도 했다. 우리는 그 강도들에게 잡혀 죽을 줄 알았으나 그들이 저희들끼리 싸우는 판에 요행히 풀려 나오기도 했다. 그리고 어떤 지방 장관은 우리의 여권을 잘못 보고 우리 수행원들을 잡아다가 때리기도 했다. 그러나 하나님께서는 이 모든 위험과 공포에서 우리를 보호하여 안전히 여행을 마치고 집으로 돌아올 수 있게 해 주셨다.

홀튼이 이 여행기를 쓴 것은 남편인 언더우드가 세상을 떠난 지 2년 뒤인 1918년인데, 그때는 벌써 이 여행을 한 때로부터 30년이 지난 후였다. 그러므로 그녀는 18년 전에 쓴 《상투쟁이들과 더불어 15년 *Fifteen years among the Topknots*》이란 책의 내용을 인용하면서 더 자세히 여행담으로 첨가했다. 왜냐하면 이 《상투쟁이들과 더불어 15년》이란 책은 홀튼이 한국에 온 지 15년 뒤 과거를 회상하며 쓴 것이기 때문에 이 여행기를 쓸 때보다 기억이 훨씬 생생했기 때문이다.

홀튼은 강도들을 만나 죽을 뻔했던 일, 물건을 다 뺏긴 일, 여관에서 밥을 먹다가 당한 일, 마부들이 당한 일, 자기 남편이 잡혀서 죽게 되었던 일 등을 자세히 썼다. 그러나 그 모든 위험에서 헤어나게 된 이유에 대하여 다음과 같이 썼다.

> 사태가 이쯤 험악해졌을 때, 동네 사람들이 나섰다. 그들이 우리를 구해 주기 위하여 간섭하기 시작했던 것이다. 그들은 말하기를 만약 우리가 이 광경을 보고도 모른 척한다면 우리가 국왕의 여권을 가지고 다니는 외국 사람들을 보호해 주지 않았다는 죄로 엄중 처벌을 받을 것이 분명하다 하면서 동네 사람들은 우리 수행원들과 돈과 물건을 찾아 주었던 것이다.

홀튼은 의주에서 언더우드가 한국 사람들에게 세례를 준 이야기를 다음과 같이 썼다.

> 우리는 의주에 며칠 머물렀다. 그리고 기독교 신자들을 가르치다 서로 정이 들어 헤어지기가 싫었다. 그러나 그들과 작별하기 직전 언더우드는 압록강을 건너 만주 땅에 들어가 백여 명의 세례 청원자 중에서 약 30명에게 세례를 주었다. 우리는 미국 공사로부터 조선 국토 내에서는 절대로 세례를 주지 말라는 주의를 받았기 때문이다.
> 언더우드는 만약 조선을 벗어나 중국 땅에 들어가서 세례를 주면, 아무리 조선 사람에게 세례를 주었다 할지라도 법적으로는 전혀 저촉되지 않을 것이라고 생각했기 때문이다.

그리고 언더우드는 의주에서 믿기 시작한 한 부인으로 인해 선천宣川

교회가 시작되었다고 했다.

> 하루는 어떤 정숙한 부인이 우리를 찾아왔다. 의주 가까이 사는 부인이었다. ……그녀는 우리의 전도를 받고 마음 가운데 깊은 진리를 깨닫게 되었다. 그녀는 십계명 중 제일 계명을 고백하였고, 죄를 회개하여 선하고 순결하고 진리의 사람이 되어야겠다고 고백했으며, 이레 중 하루는 거룩한 날로 지키고 항상 '예수의 피밖에 없네'라는 찬송을 불러야 한다고 고백했던 것이다. 그녀는 의주에서 조금 남쪽에 있는 선천 가까이 자기 집으로 돌아와 일가친척과 이웃과 친구들에게 자기의 새 신앙을 고백하고 전도했다.

양아들 김규식과 맏아들 원한경

언더우드는 홀튼과 결혼한 지 1년 만인 1890년 9월 6일, 첫 아기인 원한경元漢慶, Horace Horton Underwood을 낳게 되었다. 이는 언더우드 가문의 큰 경사였다. 부모가 모두 서양사람이지만 원한경은 조선에서 태어났고, 어릴 적 친구들이 거의 다 조선 아이들이었기 때문에 조선인이나 마찬가지로 자라났다.

어릴 때 가장 자주 만난 아이는 김규식이었다. 김규식은 원한경보다 아홉 살이나 더 먹었으니 친구라기보다는 형이었다. 김규식은 1887년 7세 때 언더우드의 양아들로 입양되었다. 굶어서 죽게 된 고아 번개비(김규식의 어릴 때 이름)가 하도 불쌍해서 집으로 데려다가 약을 지어 주고 밥을 먹여서 양아들로 삼았던 것이다. 성장한 다음에는 학교에 보냈다. 그러니 사실 원한경은 맏아들이 아니라 둘째 아들인 셈이었다. 형 번개비가 있었기 때문이다. 원한경은 형과 함께 한집에서 자라면서 우리말과 생활양식을 익혀 갔다.

김규식은 16세가 되던 1896년에 미국으로 유학을 떠났다. 버지니아 주 세이런에 있는 로고노 대학을 졸업하고 8년 후인 1904년에 귀국하여 YMCA 간사와 경신학교 교사를 지냈다. 또 양아버지인 언더우드의 훌륭한 비서 일도 하다가 그 뒤 새문안교회의 초대 장로가 되었다.

한편 원한경은 김규식이 귀국한 지 2년 뒤인 1906년 17세 때부터 공부하러 떠나게 되었다. 그는 가정교사를 따라 프랑스, 스위스 등 유럽 여러 나라에서 1년간 머물면서 견문을 넓혔고, 1908년 미국 뉴욕 대학 문학부에 입학하여 1912년에 졸업했다.

황실 복음화의 좌절

김규식, 원한경 두 아들이 잘 자라고 있는 동안 어머니인 홀튼은 무엇을 하고 있었을까? 언더우드 부인은 그때까지도 명성황후 민 씨의 시의로 지내고 있었다.

1894년 한겨울, 크리스마스 때였다. 한번은 황후의 부름을 받고 궁으로 갔더니, 황후가 궁 안의 연못이 잘 얼었으니 아이들을 데리고 궁에 들어와 스케이팅을 하며 재미있게 보내라고 제안했다. 언더우드 부인은 이때야말로 좋은 기회라 생각하고 온 가족과 함께 여러 아이들까지 궁으로 데리고 들어갔다. 고종과 황후도 왕세자를 데리고 와서 함께 즐거운 시간을 보냈다. 그때 언더우드 부인은 연못가 소나무에 크리스마스트리를 하고 자연스럽게 예수님의 탄생 이야기를 전했다. 명성황후는 홀튼의 이야기를 매우 흥미롭게 듣고 난 뒤 맛있는 약과와 귀한 선물을 한아름 하사하였다.

그로부터 서너 달 뒤인 1895년 봄 어느 날, 황후의 명을 받들어 영의정 김홍집金弘集이 언더우드를 방문했다. 그러고는 귀족 집안 자제들을 가르칠 학교를 설립해 달라는 말을 전했다. 부지는 이미 경복궁과 창덕궁 사이 어느 지점에 마련해 놓았으며, 미국인 교사 사택 위치는 언더우드 마음대로 정하라고 했다. 그리고 명성황후는 건축비조로 3만 달러를 마련해 놓았으며, 1년 경상비로는 2만 달러 내지 3만 달러를 세워 놓겠다고 했다.

언더우드는 뜻밖의 선물을 받고서 너무나 기뻐했다. '이제는 귀족들에게 전도할 기회가 생겼구나' 하면서 단박에 건축설계와 건축비 예산서를 세워 재가를 올렸다. 며칠 뒤 설계를 조금 수정하라는 기별이 왔다. 그래서 다시 수정안을 만들어 재가를 올리려는 그 때, 명성황후가 일본인에게 시해당하는 을미사변이 터지고 말았다.

세상이 왈칵 뒤집혔다. 궁궐 안은 벌집을 쑤셔 놓은 듯 소란이 일어났고, 각국 공사들은 긴급회의를 열고 저마다 고종을 만나기 위해 뻔질나게 궁궐 출입을 했다. 미국 군함은 긴급명령을 받고 인천항에 대기하고 있었다.

이런 상황 속에서 고종은 황후를 시해한 패거리들에게 사로잡혀 꼼짝 못하고 있었다. 그들이 언제 왕의 목숨까지 위협할지 몰랐다. 혹시 음식에 독약을 풀어 넣지는 않았나 하는 의심에 고종이 마음 놓고 식사도 못 하고 있다는 소식도 들렸다.

그러자 선교사들은 일제히 고종 옹위에 나섰다. 우선 고종은 선교사들이 갖다 주는 음식만 안심했기 때문에 선교사 부인들이 직접 식사를 지어 올렸다. 음식을 운반할 때에는 주석으로 만든 큰 돈궤 속에다 음식을 넣고 자물쇠로 잠근 다음, 열쇠는 언더우드 부부 내외가 고종에게 드려 직접 열도록 했다.

언더우드를 비롯하여 게일, 벙커, 에비슨Oliver R. Avison 등 선교사들이 약 7주 동안 하룻밤에 둘씩 번갈아 야경夜警을 섰다. 밤중에 고종 황제가 악몽을 꾸거나 공포증이 생기면 가끔 "양인 없느냐?" 하고 고함을 치곤했다는 것이다. 이때 가장 지성을 다하여 임금을 모신 선교사는 역시 언더우드 부부 내외였다. 그만큼 고종의 총애와 신임을 받아 왔기 때문이다.

만약 명성황후가 시해당하지 않았다면 귀족 학교가 설립되었을 것이며, 귀족 학교가 설립되었다면 왕실은 아마도 기독교화되었을 것이다.

그리고 만약 선교사들이 없었다면 고종은 어떻게 되었을까? 황후를 시해한 그 악독한 일본인들은 말할 나위 없고 그 일본인들을 궁 안으로 끌어들인 간신배들, 고종의 친아버지인 대원군마저 서로 원수시하며 이 사건에 관여했다는 비참한 상황 속에서 고종은 오직 기독교만을, 선교사들만을 믿을 수 있는 친구요 구원자로 느꼈던 것이다. 당시 선교사들은 불한당 만난 사람을 도와준 선한 사마리아인의 역할을 했던 것이다.

언더우드 1세의 죽음과 그 이후 가족들

1912년 6월 뉴욕 대학을 졸업한 원한경은 그해 9월 미국장로교 선교사 자격으로 한국에 다시 돌아왔다. 그리고 경신학교 영어교사로 일하다가, 1915년부터는 연희전문학교에서 영어 강의를 시작했다.

1916년은 언더우드 가족사에 경사와 슬픔이 엇갈리는 해였다. 앞서 말한 바와 같이 언더우드는 연희전문학교 창립 등 엄청난 고생 탓으로 건강을 잃어 휴양차 미국에 갔다가 그해 10월 12일 숨을 거두게 되었다.

이 무렵 원한경은 에델 밴 와고너Ethel Van Wagonar라는 한 아가씨를 알게 되었다. 그녀는 1888년 4월 11일 미국 미시간 주 킹스톤에서 농민의 딸로 태어나 대학 교육을 받은 뒤 선교부의 추천으로 1912년 재한국 외국인 학교 최초의 교사로 파송되어 왔다. 그러니까 그녀는 원한경이 대학을 졸업하고 선교사 자격으로 우리나라에 다시 돌아온 해에 함께 한국 땅을 밟은 것이다.

이러한 인연으로 원한경과 와고너는 자주 만났다. 한 사람은 경신학교에서 교편을 잡고 다른 한 사람은 외국인 학교에서 가르치면서 가끔 사석이나 공석에서 만나게 되었다. 원한경은 점점 와고너에게 호감을 느꼈지만 그 감정이 남녀간의 연정인 줄은 몰랐다.

그런데 1916년, 두 사람이 사귄 지 4년 만에 교사 임기가 끝난 와고너가 한국을 떠나게 되었다. 때문에 선교사 가족들과 외국인들이 그녀를 위해 조촐한 송별 모임을 마련해 주었다. 원한경도 그 모임에 참석하여 와고너와 석별의 정을 나누었다. 그때까지도 원한경은 자신이 그녀를 사랑한다는 것을 깨닫지 못했다.

그러다가 막상 와고너가 서울을 떠난 뒤에야 자신의 감정을 깨닫게 된 원한경은 "이제라도 따라가 잡자" 하여 부랴부랴 배를 타고 현해탄을 건너 일본 시모노세키까지 추적해 갔다. 무작정 따라간 것이니 와고너가 어디 있는지 알 수도 없는 상황이었다. 그러나 다행히도 그녀를 찾아낼 수 있었다.

원한경은 와고너에게 사랑을 고백했다.

"막상 당신을 떠나보내고 나니 허전해서 못 살겠소."

"왜 이제야 말씀하시는 건가요? 너무해요!"

1916년 6월, 두 사람은 백년해로를 굳게 약속했다.

그해 10월 언더우드 1세가 세상을 떠났으므로 아들 원한경은 아버지를 장사 지내고 두 달 뒤인 12월 6일에 뉴욕에서 결혼식을 올렸다. 그리고 신혼부부는 어머니 홀튼을 모시고 다시금 한국에 왔다.

홀튼은 1921년 10월 28일 세상을 떠났다. 그 뒤 원한경은 1925년 뉴욕대학에서 철학박사 학위를 받고 아버지의 대를 이어 연희전문학교의 부교장·교장서리·교장 등을 역임했다. 그러나 일제의 탄압으로 1941년에 교장 직을 사퇴하고 곧 이어 외국인 수용소에 감금되었다가 이듬해에는 강제추방을 당했다. 1944년에는 미국장로회에서 목사 안수를 받고, 1945년 8·15 해방이 되자 미 육군성 한국어 통역관 자격으로 그해 10월 다시 한국으로 돌아왔다. 연희대학 명예총장, 미 군정청 문교부장 고문 등을 지내다가 1947년부터는 미군 관계 요직을 모두 청산하고 오로지 연희대학교만을 위해 헌신하기 시작했다.

그런데 1949년 3월 17일 원한경의 부인이 공산당에게 피살되는 참변을 당하였다. 에델이 UN 대표로 갔다 온 모윤숙을 초청하여, 자택에서 교수부인회 모임을 열던 날이다. 약 스무 명의 부인들이 한창 이야기꽃을 피우고 있을 때, 누군가가 초인종을 눌렀다. 문을 열어 보니 복면을 한 어떤 청년이 서 있었다. 안으로 들어가려는 그 청년을 에델이 안 된다고 막아서는 순간, '탕' 하는 총소리가 났다. 공산 청년들은 방에 들어와 부인들에게 "꼼짝 말라"고 위협하다가 도망치고 말았다.

5일 뒤에 잡힌 범인들은 모두 연희대학 학생으로, 민주학련위 위원장 등 공산 학생 간부들이었다. "UN에 갔다 온 모윤숙을 쏘려다가 빗나갔다"라는 그들의 자백이 신문에 크게 보도됐지만, 죄 없는 에델을 죽인 것에 양심의 가책을 받아 그렇게 핑계를 댄 것인지, 아니면 검찰 당국이 미국 여론이 두려워서 그렇게 임시 조작을 했는지 그 진실은 알 수가 없다.

남편 원한경은 사랑하는 아내를 양화진 외인묘지에 안장한 뒤 미국으로 건너갔다. 그리고 그 뒤 한국전쟁이 터졌다는 소식을 듣고 1950년 10월 중순 한국 전쟁터로 오게 되었다. 서울에는 갈 수 없었으므로 부산 동래에다 피난살림을 꾸몄다.

여러 가지로 마음에 상처를 받은 그였기에 나날이 심장병이 악화되었다. 원한경은 자기도 쉬 아내를 따라갈 줄 짐작했는지, 이듬해 2월 18일에는 아펜젤러 등 미국 친구들 및 한국인 지인들과 함께 즐거운 친목회를 가지고, 이튿날인 19일에는 세 아들을 데리고 부산 동래 뒷산에 올라가 한국의 아름다운 강산과 동해 바다 경치를 마음껏 즐겼다. 그러

귀국전 언더우드 부부
휴양차 미국으로 떠났던 언더우드는 1916년 10월 12일 마지막 숨을 거두게 된다.

고는 그 다음 날인 2월 20일 영영 세상을 떠났다.

　현재 양화진에 있는 외국인선교사묘지공원에는 미국 고향에 묻혔다가 1999년에 이장된 언더우드 1세의 묘를 비롯하여 부인인 홀튼 여사, 맏아들 원한경 박사 내외 그리고 맏손자 원일한의 무덤까지 모두 함께 있다. 언더우드 가문의 가족묘지인 것이다.

3 근대 교육의 개척자

아펜젤러

H. G. Appenzeller

한국 선교사로 오기까지

감리교 최초의 선교사이자 최초의 교육가, 성서번역가, 편집인, 여행가, 위대한 목회자인 아펜젤러가 1885년 우리나라에 와서 1902년에 목포 앞바다에 수장되기까지 17년간 우리 민족에게 끼친 은혜는 막대하다. 그는 비록 양화진에 묻히지 못했지만 그의 부인과 자녀들은 묻혀있다.

헨리 G. 아펜젤러Henry Gerhard Appenzeller, 亞扁薛羅는 1858년 2월 6일 미국 펜실베이니아 주 서더튼에서 농민의 아들로 태어났다. 본래 그의 선조는 독일계 루터교회에 속해 있었다.

1882년 아펜젤러는 미국 독일계 루터교회의 교육기관인 프랭클린앤드마샬 대학을 졸업했다. 그리고 졸업 후 다시 드루 신학교에 입학했다. 이 신학교를 다 마치기도 전에 그는 감리교회외국선교부에 조선 선교에 헌신할 것을 고백했다. 그리고 1884년 크리스마스 주간에 선교부로부터 조선의 선교사로 임명받았다. 그때는 그가 엘라 닷지Ella Dodge와 결혼한 지 불과 한 달도 안 된 때이다. 그리고 1885년 1월 드루 신학교를 졸업했다.

아펜젤러는 결혼과 동시에 대학 졸업장을 가지고 즉시 조선을 향해 떠났다. 우선 샌프란시스코에서 조선행 배를 기다리면서 2월 2일 파울러 감독에게서 목사 안수를 받았다. 그리고 이튿날 아펜젤러 부부는 아라빅 호에 몸을 싣고 태평양 항해에 올랐다.

그때 동행자가 있었다. 갑신정변이 일어났던 1884년 12월 4일 밤, 미국 뉴욕에서는 의학박사 스크랜튼W. B. Scranton이 감리교회 목사 안수를 받게 되었다. 그리고 얼마 후 스크랜튼은 자신의 아내와 감리교부인외국선교회의 정식 임명을 받은 그의 어머니와 함께 아라빅 호의 동승자가 되었다.

아펜젤러 일행은 3월 5일 일본 도쿄 아오야마靑山에 있는 일본 주재 선교사 맥클레이와 만나 선교 준비회를 열었다. 그 자리에서 조선 선교회를 정식으로 발족하는 동시에 관리 책임자로는 맥클레이를, 현지 부책임자로는 아펜젤러를 각각 선정하였다.

스크랜튼 부부와 그의 어머니는 요코하마에 머물면서 언어 공부를 계속했고, 아펜젤러 부부는 조선을 향해 먼저 출발하게 되었다. 그들을 태운 제리오 마루라는 배에는 아펜젤러 내외뿐 아니라 장로교 초대 선교사인 언더우드가 동승했으며, 조선 실정 조사차 떠난 미국회중교회 선교부의 테일러와 스쿠더도 함께했다.

드디어 그들의 꿈이 이루어졌다. 1885년 4월 5일 부활절 아침, 그들이 탄 제리오 마루는 제물포 부두에 닻을 내리었고 그들은 처음으로 조선 땅을 밟게 되었다. 그러나 불행하게도 언더우드만이 서울에 입성하였고 아펜젤러 부부는 갈 수 없었다. 왜냐하면 당시 우리나라에 있던 미국 공사가 "부인을 데리고 입성하는 것은 위험하므로 잠시 일본에 돌아가 있다가 기회를 봐서 다시 오라"고 했기 때문이다.

아펜젤러 부부는 그래도 한 가닥 희망을 품고 인천에서 미국 공사의 승낙을 기다렸다. 그동안 그는 미국 선교회 본부에 편지를 썼는데, 그 편지 맨 끝에는 다음과 같은 기도가 쓰여 있었다.

> 오 하나님, 우리는 부활절 아침에 여기 도착하였습니다. 이 아침에 사망의 쇠사슬을 부수고 부활하신 주님께서 이 나라 백성이 얽매여 있는 쇠사슬을 끊으시고 그들에게 하나님의 자녀로서의 광명과 자유를 얻게 하여 주소서!

그들이 도착한 날이 바로 부활절 아침이라는 것은 우연의 일치로만 볼 수 없는 축복이었다. 이렇듯 간절한 기도를 드렸지만 결국 아펜젤러 부부는 서울로 들어가지 못하고 일본으로 돌아갈 수밖에 없었다.

이렇게 된 이면에는 여러 가지 문제가 있었다. 우선 그네들이 도착하기 불과 4개월 전에 갑신정변이 일어났는데, 이 혁명으로 조선은 불안과 혼란 중에 있었다. 그리고 아직 그때는 선교의 자유가 보장되지 못한 때였다. 당시 미국 주재 공사인 푸트 장군과 선교사들과의 편지 내용으로 미루어 보아 푸트 공사는 선교사들에게 매우 동정적인 태도였음을 알 수 있다. 그러나 아직 선교의 자유가 없는 상태에서 부인까지 데려와 선교를 개시한다는 것은 매우 위험하며, 자칫하면 겨우 체결된 조미수호통상조약마저 폐지될 우려가 있었다.

하는 수 없이 아펜젤러 부부는 일본으로 돌아갔다. 한편 일본 주재 선교사 맥클레이는 스크랜튼에게도 조선 입국을 권고하였다. 그리하여 스크랜튼과 아펜젤러는 가족들을 모두 일본에 남겨 둔 채 단신으로 1885년 5월 3일 우리나라에 도착했다.

개척 선교의 터전을 닦다

〈코리아 미션 Korea Mission〉 1903년 5월호에 실린 아펜젤러 추도사에서 존스 G. H. Jones, 趙元時는 다음과 같이 아펜젤러의 성격과 공헌에 대하여 찬사를 아끼지 않았다.

> 아펜젤러는 아주 예의 바른 사나이였다. 예절 바른 행동과 친절하고 이해심 많은 정신으로 일관되었다. 동료들에게는 항상 관대한 태도를 잃지 않았으며, 숙녀들에게는 매우 겸손했다. 그의 인사성은 언제나 풍부한 활력을 자아내었으며, 그는 친구들에게 용기와 격려의 태도를 잃는 법이 절대로 없었다. 그의 친교 정신은 그가 존경하는 사람에게 항상 최고의 자극제가 되었으며, 이로 인해 그는 항상 칭찬을 받았다.
>
> 아펜젤러는 친구를 좋아하였다. 그는 항상 친구를 두둔해 주었다. 나

● 일본에 도착한 아펜젤러 일행
고종으로부터 의료 사업과 교육 사업을 할 수 있도록 허락받은 미국감리교선교부는 곧 한국에서 일할 지원자를 뽑았고, 이에 응한 사람이 바로 의료선교사 스크랜튼과 여선교사 스크랜튼 대부인, 그리고 아펜젤러이다.

● 배재학당
우리나라 최초로 설립된 신교육 기관으로 1886년 6월에 정식 개교하였다. 1887년 건축된 교사는 국내 최초로 설립된 서양식 벽돌 건물이기도 했다.

침반에는 지침이 있고 태양시계에는 다이얼이 따라다니듯이 그는 그의 친구들 옆에 호위병처럼 항상 지켜 서 있었다. 친구 하나가 어떤 특별한 사업을 하나 성취하면 축하의 글 쓰는 것을 무척 좋아했으며, 이처럼 무의식적으로 친구를 도와준 것이 오늘날의 큰 공적으로 평가되었다. 그는 자기 친구들을 사랑했다. 그는 항상 웃음을 잃지 않고 기뻐했으며, 자기 친구가 재난이나 슬픔을 당했을 때는 동정과 부드러운 인정을 쏟아 주었다. 그리고 그는 가정과 가정끼리도 아주 친근했다. 그는 어린이들을 무척 기쁘게 해 주었다. 우리는 그가 자기 집에서 또 남의 집에서 어린이들을 데리고 놀며, 무릎 위에 어린이들을 앉혀 놓고 이야기꽃을 피우는 광경을 자주 볼 수 있었다.

아펜젤러의 공적에 대해서는 할 말이 많지만 몇 가지만으로 간추려 보고자 한다.

첫째로 배재학당 창설에 관한 공헌이다. 더 말할 필요도 없이 배재학당은 우리나라 역사상 최초의 근대 교육기관이다. 이 교육기관의 창설자가 바로 아펜젤러이다.

서울에 정착하자 그는 교육 사업에 착수했다. 초창기 학생으로는 이겸라, 고영필 두 사람이 있었다. 정식 개교는 1886년 6월 8일에 했고 7월 2일까지 6명의 학생이 있었다. 그러나 학생들 중에서 "시골에 잠깐 볼일이 있어 다녀오겠다" 하고 갔다가는 영영 오지 않거나, "오뉴월 삼복 중 너무 더워서 잠깐 쉬겠다"고 하며 갔다가 영영 오지 않고, "집에 초상이 나서 학교에 나올 수 없다" 하며 갔다가 영영 오지 않는 등, 처음 개교했을 때는 파란곡절이 많았으나 1887년에 이르러서는 놀라운 발전을 이룩하게 되었다.

더욱이 고종은 1886년 6월 8일을 기하여 '배재학당'이라는 학교명을 지어 주는 동시에 학교 간판을 써 주었다. 이로써 배재학당은 정부의 정식 인가를 받은, 우리나라 역사상 최초의 근대식 교육기관이 되었다. 학교 교훈으로는 "크게 되고자 하는 사람은 남을 섬기는 사람이 되어야 한다"는 마태복음 20장 26-28절 말씀에 따라 '욕위대자 당위인역欲爲大者 當爲人役'을 당시 한학자 조한규趙漢奎를 통해 문자화했으며, 1895년부터는 대학부까지 병설하였다.

둘째 공헌으로는 정동감리교회 창립을 들 수 있다. 정동교회는 감리교회의 맨 처음 교회인 동시에 장로교회의 새문안교회와 더불어 한국 개신교의 어머니 교회이다. 아펜젤러는 정동감리교회 창설 날짜를 1887년 10월 9일로 말하고 있다. 1886년 설도 있고, 1888년 설도 있으나 아펜젤러의 증언을 표준으로 삼는다면 1887년 10월 9일이다. 그는 1889년 초부터 한국 감리교선교회의 책임자(감리사)가 되면서 교회 조직에 착수했다. 그리하여 아펜젤러는 다음과 같은 보고서를 쓸 수 있었다.

> 우리는 9월에 작은 집 한 채를 샀다. ……여기서 주일마다 예배를 드렸다. 10월 9일, 나는 처음으로 조선 사람들을 위한 공중 예배를 드렸다. 나 외에 네 사람이 참석했다. 그리고 이 모임은 우리에게 유별나게 재미있는 집회의 하나가 되었다. 다음 주일, 나는 성경 매서인[賣書人, 개화기 초기 전국 각지를 돌아다니며 성경을 팔면서 동시에 전도도 했던 사람]의 아내인

28세의 젊은 부인에게 세례를 베풀었다. 이 부인은 조선에서 개신교 선교사에게 세례 받은 최초의 여인이 되었다. 그 부인과 그 남편은 우리 주님을 믿는 사람들이다.

1888년 11월 아펜젤러가 북한 깊숙이까지 여행을 마치고 돌아온 뒤에는 최병헌을 전도사로 채용함으로써 교회 성장의 큰 계기를 만들었다. 최병헌은 배재학당 한문 선생과 아펜젤러의 어학 선생을 겸하면서 활발한 선교활동을 개시했다.

1896년 10월 26일에는 정동 예배당이 신축되었는데, 이것은 벽돌 예배당으로서는 우리나라 역사상 최초의 건물이다. 1899년의 교세는 입교인 128명, 학습교인 224명, 도합 352명을 헤아리게 되었고, 주일학교 출석 평균 학생 수는 250명, 교사는 남자 9명, 여자 6명 총 15명이었다. 1900년 5월 17일 정동교회에서 선교회총회가 모였을 때에는 처음으로 번역 출간된 신약전서를 각 교회 기관에 배본하는 감격의 순간도 가지게 되었다.

아펜젤러의 셋째 공헌으로서는 오지여행과 우리나라 문화연구를 들 수 있다. 그의 여행은 언제나 탐험과 개척이었다. 여행할 때마다 위험과 고생이 따랐음에도 아펜젤러는 우리나라의 풍속과 인정人情을 파악하기 위해 전국 방방곡곡 안 간 데가 없었다. 1888년 8월 그는 존스와 서울을 떠나 15일간 강원도 원주를 방문했고, 거기서 대구·부산까지 장장 380마일의 장거리 여행을 함으로써 개척 선교의 터전을 닦아 놓았다. 그는 천주교 신부들처럼 방갓 [상제喪制가 밖에 나갈 때 쓰는 갓을 쓰고 상

정동교회
우리나라 최초의 감리교회로 1887년 10월에 아펜젤러에 의해 창립되었다.

복을 입어서 정체를 감추고 다니지 않고, 솔직 대담하게 스스로를 개방하면서 사람들과 접촉했다. 이러한 방법으로 그는 우리나라 사람들의 선망과 신임의 대상이 되어 갔다.

넷째 공헌은 아펜젤러가 민주 독립운동을 적극적으로 육성한 것이다. 그는 배재학당 내에 협성회協成會를 조직했는데, 이는 우리나라 역사상 최초의 학생회이며 서구식 의회법을 제일 먼저 실천한 단체다. 이 학생회는 매주 한 번씩 정기집회를 갖고 강연·의회규칙 등을 공부했는데, 주요 강사는 서재필徐載弼, 윤치호尹致昊, 신흥우申興雨, 오긍선吳兢善, 여운형呂運亨 등 한국 민주주의 선봉들이었다.

더욱이 아펜젤러는 서재필, 윤치호, 이상재, 이채연 등이 독립협회를 조직할 당초부터 그에 관여했다. 건양 원년(1896년) 11월 21일자 〈독립신문〉에 '건양 원년 11월 21일 독립문 주춧돌 놓는 예식이라'라는 기사를 보면 다음과 같이 쓰여 있다.

> 조선 노래는 배재학당 학원(학생)이 하고, 기도는 교사 아펜젤러 씨가 하고, 연설은 회장 안경수 씨가 하고, '어찌하면 독립을 영구히 보존할 수 있는가' 라는 연설은 한성판윤 이채연 씨가 하고, 독립가는 배재학당 학원이 하고, 우리나라 전정戰情이 어떠한가에 대한 연설은 이완용 씨가 하고, 조선에 있는 외국 사람을 위한 영어와 조선말은 독립신문 사장 제손(서재필) 씨가 하고, 진보가는 배재학당 학원이 하고, 체조는 영어 학교 학원이 하고 그 끝에 차와 실과가 있다더라.

이 기사를 보아도 아펜젤러와 배재학당이 독립협회 운동에 얼마나 관여했는지 알 수 있다. 그는 학생들과 독립협회 지도자들의 은신처가 되어 주기도 했고, 옥고를 치를 때에는 다정한 친구가 되어 주기도 했다.

그의 다섯째 공헌으로는 문서운동과 성서번역을 들 수 있다. 아펜젤러는 〈협성회보〉라는 학생회 기관지를 발간하게 했을 뿐만 아니라, 〈조선그리스도인회보〉라는 교회신문을 창간했다. 이것은 1897년 2월 2일에 창간호를 냄으로써 〈독립신문〉 다음 가는 최초의 신문이 되었고, 그 신문을 찍어 내는 삼문출판사는 배재학당 내에 인쇄소를 차리고 학생들을 인쇄와 출판에 관여시켰다. 〈독립신문〉도 삼문출판사에서 찍어 냈으며, 〈한국유기韓國留記〉 같은 영문으로 된 한국 연구 잡지와 《천로역정》, 《사민필지四民必知》 등 기독교 문서를 출판했다. 이때 아펜젤러는 중국에 있다가 새로 온 선교사 올링거와 함께 활자주조공·식자공·인쇄공까지 겸하면서 순수 문서운동을 개척했다.

그의 성서번역은 탁월하였다. 아펜젤러는 우리나라에 오자마자 성서번역에 가장 역점을 두고 1887년에는 단독으로 마가복음서를 번역해 냈다.

1890년에는 언더우드, 스크랜튼 등과 함께 성서번역위원회를 조직하는 동시에 열심히 성서번역에 종사했다.

그런데 1902년 목포에서 열리는 성서번역위원회에 참석하기 위해 배를 타고 가던 중에 다른 배와 충돌하는 사고로 아펜젤러는 안타깝게도 그 자리에서 목숨을 잃었다. 이때의 광경에 대해 존스는 다음과 같이 썼다.

1902년 5월 평양에서 감리교 연회가 열렸을 때 그는 남지방회 장로사(長老司: 현 감리사)로 임명되었다. 그 뒤 곧 그는 무어 감독을 모시고 자기의 어느 선교 구역을 순방하던 중 일본인 철도 노동꾼들의 습격을 받아 부상을 당했다. 노동꾼들은 재판에 회부되었고 그는 증인 관계로 한동안 서울을 떠날 수 없었으며, 그 때문에 목포에서 열리는 성서번역위원회에 가려던 계획이 지연되었다. 그러나 겨우 풀리어 그는 오사카 상선회사 소속 여객선 구마가와마루에 타게 되었다. 그는 자기 조수 조한규와 고향으로 돌아가는 여아(이화학당 학생)를 데리고 같이 탔다.

그런데 1902년 6월 11일 밤, 불행하게도 그 배는 같은 상선회사 소속 기소가와마루木曾川丸와 부딪쳐 일순간에 침몰하고 말았다. 이 참변은 너무나 순식간에 벌어진 일이므로 사건 전말을 자세히 알 수는 없지마는 한 생존자의 말에 따르면, 아펜젤러는 2등 객실 창구로 급히 뛰어가더라는 것이다.

만약 그것이 사실이라면, 그는 그의 동행자들을 염려하여 마지막 숨을 거두는 순간에도 그들의 생명을 구하기 위해 애썼다고 볼 수 있다. 이것은 사실이었다. 우리는 그가 죽는 순간까지도 자신보다 한국인들을 구하기 위하여 더 애썼다는 사실을 확신한다.

바닷물이 그를 덮쳤다. 그리고 바닷물은 우리에게서 그의 무덤을 만드는 슬픔과 만족을 송두리째 빼앗아 갔던 것이다. 다만 우리는 대해大海

의 짠 바닷물일망정 우리의 사랑하는 형제를 꼭 껴안아 주었으리라 확신하는 바다. 그는 아무런 장신구도 없이, 그의 안식처는 아무런 표식도 비석도 없이 침울과 영멸永滅의 바다 속에서 잠자고 있다. 그러나 그 바다는 가장 위대한 무덤이다. 가장 위대하고 가장 영원한 인간을 안장한 무덤이다.

우리는 그가 죽었다고 말한다. 그러나 그는 우리 마음속에 살아 있기 때문에 영원히 죽지 않을 것이다.

비록 그는 80여 년 전, 바다 속에 수장되었지만 이제라도 나는 그를 양화진에 이장하는 마음으로 이 글을 쓴다.

아펜젤러 2세의 교육 선교 사업

45세의 아까운 나이로 물속의 고혼孤魂이 된 아펜젤러의 정신은 그의 아들과 딸에게로 이어졌다. 아펜젤러에게는 1남 3녀가 있었는데, 그의 아들이 바로 배재학당의 제4대 교장을 지낸 아펜젤러 2세Henry D. Appenzeller이다.

아펜젤러 2세는 1889년 11월 6일 서울 서대문구 정동 23번지에서 태어났다. 10세 때인 1898년 아버지 아펜젤러가 안식년으로 미국에 갈 때 동행했다가, 가정 사정에 의하여 아버지만 먼저 한국으로 돌아오게 되었다. 가족들도 뒤따라 오려고 했지만, 뜻밖에도 그의 아버지가 목포에서 열리는 성서번역위원회에 참석하러 가던 배에서 세상을 떠났으므로 가족은 어쩔 수 없이 모두 미국에 주저앉게 되고 말았다. 그래서 아펜젤러 2세는 초·중·고·대학교육까지 모두 미국에서 받았으며 신학 공부도 했다.

그가 한국에 와서 아버지가 설립한 배재학당의 교장이 된 것은 1920년이다. 신흥우 교장의 뒤를 이어 1920년 1월 배재학당의 제4대 교장이 되었다. 3·1 운동이 일어난 바로 다음 해였던 만큼 당시 교내외의 공기는 아주 험악했다. 특히 1920년 3·1 독립선언 제2주년을 맞이하여 일본 경찰대가 학교 안팎을 엄중 경계하고 교내까지 경찰관을 투입시켰다.

그러나 배재학당 학생 전원은 3월 1일부터 일제히 등교를 거부하고 동맹휴학을 하는 동시에 3월 2일에는 수백 명 학생들이 갑자기 운집하여 독립만세를 부르짖었다. 급보를 받은 경기도 학무과 직원들과 경찰이 총동원하였으나 때는 이미 늦어, 학생들은 재빨리 피하면서 만세를 불렀던 것이다.

이 사건 때문에 아펜젤러 2세는 곤욕을 치르게 되었다. 즉 "교장 책임 하에 사건 전말을 조사하고 학생들을 의법 처단하라"는 것이었다. 그러나 아펜젤러 2세는 끝끝내 불복하고 "나에게는 책임이 없다. 도지사의 지시 사항은 충실히 이행되었고, 경찰관이 직접 감시를 맡고 있지 않는가? 학생들의 자유까지 내가 간섭할 수는 없다" 하며 불응했다. 그리하여 결국 아펜젤러 2세는 교장 인가 취소를 당하고 말았다.

그러나 총독부는 그 인가 취소를 끝까지 밀고 나갈 수 없었다. 아펜젤러 교장은 날로 늘어나는 학생들을 맞이하여 교무에 열중했으며, 학교 교사와 기숙사도 신축했다. 그로 인해 소小배재가 대大배재로 발전하게 되었다.

그렇지만 안타깝게도 그는 1939년 교장 직을 내어 놓고 미국으로 건너갈 수밖에 없었다. 날로 험악해지는 시국과 일제의 정치적 탄압을 견디다 못해 내린 결정이었다. 정든 한국을 떠난 뒤 1953년 12월 1일, 아펜젤러 2세는 뉴욕 감리교 병원에서 별세했다.

숨을 거둘 때 그가 남긴 "내가 죽으면 한국 땅에 묻어 달라"는 유언에 따라, 1954년 10월 18일 그 유해를 맞이하여 정동교회에서 2천여 명의 조객이 운집한 가운데 사회장으로 양화진에 모시게 되었다. 묘비에는 "영원하신 팔이 네 아래 있도다"라는 신명기 33장 27절의 성구가 새겨져 있다.

앨리스 아펜젤러의 이화 사랑

"섬김을 받으려 함이 아니라 도리어 섬기려 하노라"라고 쓰인 또 하나의 묘비가 양화진에 있다. 이것은 아펜젤러 2세의 누나 무덤 앞에 세워져 있는 것이다. 그녀의 본명은 앨리스 레베카 아펜젤러Alice R. Appenzeller. 아펜젤러 1세의 맏딸로, 1885년 11월 8일 한국에서 태어났다. 그러고 보면 그녀의 어머니는 앨리스를 뱃속에 갖고 태평양을 횡단하여 우리나라 땅을 밟은 셈이다.

앨리스 아펜젤러는 1909년 웨슬리아 대학을 졸업한 뒤 자진하여 한국으로 왔다. 평생 독신으로 지내며 처음에는 이화학당 교수로, 1922년 10월부터는 비즈니스 매니저로 활약하는 동시에 제6대 이화학당장이 되었고, 1925년에는 이화학당을 '이화여자전문학교'로 승격시킴과 동시에 그 초대 교장이 됐다.

특히 그녀는 그해에 신촌 대지를 매입하고, 1933년 신촌에 새 교사를 지었다. 이 일을 위하여 앨리스는 1928년 12월 교사 신축비 목표액 45만 달러 모금을 위하여 미국으로 갔다. 이 무거운 짐을 걸머지고 갔다가 2년간 모금에 성공하여 1931년에 다시 한국으로 돌아왔는데, 그때 그녀는 동창회가 베푼 환영회 석상에서 다음과 같은 답사로 당시의 심정을 고백했다.

> 2년 전 미국을 향해 떠날 때 어찌나 짐이 무겁고 감당키 어려웠던지 어떤 큰 힘이 나를 누르는 것 같아서 내가 타고 가는 배가 차라리 파선을 했으면 시원하겠다고까지 생각했습니다……

새 교사를 짓고 신촌으로 옮겨 간 앨리스 아펜젤러는 학교 발전을 위해 더욱 힘써 노력했다. 몇 해 동안의 벅찬 일을 치러 낸 그녀는 1935년 안식년을 맞아 잠깐 미국을 다녀온 뒤, 이제는 자기가 물러나도 어려움 없이 학교가 잘 운영되리라 생각하여, 제자 김활란金活蘭을 후계자로 이사회에 건의하였다. 처음에는 사표가 반려되었으나 시국이 하도 급박해지면서 드디어 1939년 4월 그녀의 사표는 이사회에서 정식 수리하였다.

앨리스 아펜젤러는 이화에 몸담아 일하기를 25년, 교장으로 18년을 지내면서, 문자 그대로 이화의 상징이 되었다. 이 민족을 위해 헌신한 아펜젤러는 1950년 2월 20일 "반석 위에 집을 지으라"라는 주제로 예배를 인도하던 중 뇌출혈로 쓰러져 갑자기 별세하였다. 그때 그녀의 나이는 66세, 이화여전 명예총장으로 있을 때이다. "거짓선지자들을 삼가라"마 7:15는 말씀이 그녀의 최후 음성이었으며, 2월 25일 정동교회에서 장례식이 엄수되었다.

4 한국의 친구

헐버트

H. B. Hulbert

YMCA 창설의 주역

양화진 외국인선교사묘지공원 남쪽 언덕 위에 비교적 크고 높은 묘비가 하나 세워져 있다. 맨 위에는 'HOMER B. HULBERT, Jan 1863-Aug 1949'라는 성명과 생사 날짜가 새겨져 있고 그 밑에는 'Man of vision and Friend of Korea, I would rather be buried Korea than in Westminster Abbey'라는 영문으로 된 짤막한 비문이 새겨져 있다. 그리고 아래에 다음과 같이 한글로 비문이 새겨져 있다.

일천팔백육십삼 년 일 월 이십육 일 미국에서 탄생, 일천구백사십구 년 팔 월 오 일 서울에서 별세. '나는 웨스트민스터 성당보다 한국 땅에 묻히기를 원하노라' 단기 사천이백팔십이 년 팔 월 삼십일 일, 헐벗 박사 장의위원회 세움.

그가 얼마나 큰 비전을 가지고 살았기에 '비전의 사람'이라 했으며, 그가 얼마나 한국을 위해 살았기에 '한국의 친구'라 했을까?

이홍직 편《국사대사전》에 보면, "헐버트는 미국의 언어학자·사학자……, 1905년 서울에서 발간한《한국사》를 비롯하여《대동기년大東紀年》5권에서 한국 근대사의 연대기적 개관을 시도하는 등…… 미국은 물론 유럽에 있어서의 한국사 연구는 헐버트로부터 시작된 것으로서 그의 공로가 컸다'라고 했으며 '헤이그밀사사건海牙密使事件'란에는 '전 고용교사雇傭敎師로서〈코리아 리뷰The Korea Review〉를 서울에서 발행하며 열렬히 배일운동을 한 호머 헐버트와 기타 외국인이 관계했으며……" 라고 그의 업적을 기록하고 있다.

헐버트는 1863년 1월 26일, 미국 버몬트 주에서 태어나 1884년에 다트마운트 대학을 졸업하고 유니온 신학교 재학 당시 조선 조정의 정식 초청으로 1886년 6월에 우리나라에 왔다.

처음에 그는 관립 소학교 교사로 있다가, 육영공원育英公院이 설립되자 8월부터 그 학교의 외국어 교사가 되었다. 그러나 1894년에 육영공원이 폐교되었기 때문에 하는 수 없이 일반 교사직을 떠나 미국장로교 선교부 소속 선교사로 전임하게 되었다.

헐버트의 생애를 대략 정리해 보면 다음과 같다.

첫째로 헐버트는 우리나라 YMCA의 초대 회장이었다. 한국 YMCA 즉 황성기독교청년회가 1903년에 창설되었는데, 그는 창설되기 전의 준비위원장이었다. 1901년에 YMCA를 창설하기 위하여 질레트P. L. Gillett가 미국에서 파송되어 왔는데, 그는 창설의 준비작업으로서 자문위원

헐버트의 묘비
'나는 웨스트민스터 성당보다 한국 땅에 묻히기를 원하노라.'

회를 조직했다. 여기 모인 사람들은 당시 미국 공사 알렌을 비롯하여 브라운이라는 영국인, 각국 선교사·은행가·실업가 등이었는데 헐버트가 이 모임에서 위원장으로 뽑혔다. 그만큼 그는 우리나라 YMCA를 창설하는 데에 중요한 인물이 되었다.

드디어 1903년 10월 28일 창립총회가 열렸다. 미리 작성된 헌장 초안이 통과되고 투표 결과 12명의 창설 이사가 선출되었다. 그 회의의 사회자는 자문위원회 위원장인 헐버트였으므로 그는 이사의 한 사람으로 뽑혔을 뿐 아니라 초대 회장으로 추대되었다.

헐버트는 황성기독교청년회의 초대 회장으로서 YMCA의 창설 목적을 선포할 책임이 있었다. 사방에서 반대의 소리가 일었기 때문이다. 그는 YMCA 창설 목적을 교육·계몽·선교 세 가지로 구분해서 설명하여 자신이 주간으로 있는 〈코리아 리뷰〉 1903년 4월호에 실었다. 첫째로 교육적 목적에 대해서는 다음과 같이 썼다.

> 유명한 교육가 마르크 홉킨스는 항상 말하기를 착한 스승과 착한 제자가 마주 앉는 곳은 그곳이 비록 판잣집이라 해도 그 판잣집은 마침내 대학이 된다. 착한 스승이 판잣집 한구석에 앉으면 오래가지 않아서 다른 구석이 채워진다 했는데 이제 미국에서 아주 착하고 신앙이 좋은 질레트란 YMCA 전문가가 파송되어 왔으니 YMCA는 좋은 교육 장소가 될 것이다.

둘째로 사회 계몽적 목적에 대해서는 다음과 같이 설명하였다.

한국 청년들은 점차 사회적이 되어 간다. 그러나 그들이 서로 즐기며 사귈 만한 장소가 없기 때문에 좋아지기는커녕 더 나빠지기만 한다. 가정집은 비좁고 사교장으로는 쓸모없는 곳이다. 친구 집 사랑방에서 허송세월하지 않으면 거리나 유흥가에서 허랑방탕할 수밖에 없다. 공원도, 글방도, 도서관도, 운동장도 없고, 마음에 드는 운동경기도 없다. 사회풍조는 나쁜 방향으로 치닫고 있다. 우리는 매일 거리를 쏘다니고 있는 수백 명의 청년들을 보는데 그들은 다 유망한 청년들이다. 구습에서 벗어날 수 있는 기회가 있고 자극만 받으면 과거 30년간 일본이 발전한 것처럼 가장 유망하고 열렬한 청년들이 될 수 있다. 그러한 청년들에게 Y는 무엇을 의미하는 것인가? 먼저 Y는 그들이 서로 만날 수 있는 장소가 되게 하며, 두 시간씩 담화를 하거나 더욱이 여러 가지 책을 읽게 함으로써 꿈과 서광을 보게 할 것이다. 그들에게 운동을 하고 목욕할 수 있는 장소가 되게 할 것이다. Y는 그들에게 역사, 과학, 종교 문제를 강의해 줌으로써 스스로 향상할 수 있는 자극을 줄 것이다.

셋째로 일부 선교사들이 Y는 교회 세력을 약화시킬 우려가 있다고 반대하는 여론에 대하여 그는 다음과 같이 주장했다.

Y는 교회가 아니다. 동시에 Y를 바로만 운영하면 교회에 유익이 되면 됐지 절대로 방해가 되진 않는다. Y는 교회에의 통로이다. Y는 어떤 목적을 위한 수단이지 목적 그 자체는 아니다. ……Y의 유일한 기능은 사람들로 하여금 기독교를 하나의 역사적 사실 또는 하나의 행동원칙으

로 받아들이게 하는 데 있다. 모든 Y 조직은 이 목적을 위하여 운영되어야 할 것이다. ……그리고 Y는 일반적인 정치 단체가 되어서는 안 된다. 진정한 의미의 개혁은 안에서부터 나오는 것이지 밖에서부터 들어오는 것이 아니다. 사회개혁의 필요성이 고조되면 개혁은 마치 태양이 자연스럽게 솟아오르듯 소리 없이 이루어지는 법이다. 이것은 곧 교육 문제이다. 그러므로 한국의 애국자는 개혁자라기보다 먼저 계몽자라야 한다. 이것이 서울 Y의 입장이다. 서울에 있는 YMCA의 목적은 교육과 계몽과 설교에 두어야 한다.

이상 세 가지가 헐버트 회장의 YMCA에 대한 지도이념이었다. 그 당시 나라의 운명과 현실 문제를 외면하기 쉬운 기성 교회 및 선교사들에 대하여, 또 한편 과격한 정치적 행동과 사회참여로 혁명을 일으켜야 한다는 우국지사들에 대하여, 먼저 교육자의 구실·계몽자의 구실·설교자의 구실을 다하면 평화적인 혁명이 자연스럽게 구현된다고 주장함으로써 그는 탁월한 Y 이념을 보여 주었던 것이다.

고종의 밀사가 되다

Y가 창설된 지 2년 뒤에 을사늑약이 체결되어 우리나라는 외교권과 재정권을 일본에게 박탈당했다. 한편 미국 정부는 필리핀에 대한 미국의 이권을 보장하기 위하여 우리나라에 대한 일본의 야망을 묵인 방조해 주는 '가츠라태프트 비밀조약'을 체결하였다.

이 비밀조약이 체결되자 당시 주한 미국 공사 알렌은 이를 반대하다가 본국으로 소환되었으며, 우리나라에 거주하는 미국 선교사들은 미국 정부의 불의를 규탄하는 시민대회를 열기도 했다. 그리고 당시 참정대신 한규설韓圭卨은 일제의 침략행위를 지적하다가 파면당했고, 민영환閔泳煥 등 애국지사들은 자결했으며, 황성신문사 사장 장지연張志淵은 '시일야방성대곡是日也放聲大哭'이라는 사설을 써서 온 나라를 울음바다로 만들었다.

이때 고종황제는 미국에 밀사를 파송했다. 일본의 야망을 미국 대통령에게 고발하여 동정을 구해 보자는 안타까운 심정에서였다. 그때 밀사로 발탁된 인물이 곧 헐버트였다. 헐버트는 고종의 밀사가 되어 급히 미국으로 향하여 대통령에게 고종 황제의 친서를 전달하는 동시에 기울어져 가는 국가 운명을 구하려 했으나 미국의 배신행위로 실패하고 말았던 것이다. 헐버트는 당시 상황을 《대한제국 멸망사The passing of Korea》라는 책에서 다음과 같이 썼다.

> 1905년 초가을부터 고종황제는 일본인들로부터 강요를 당했다. 그러나 이를 완강히 거절했다. 일본인들이 각 부처에 강제로 자기네 고문을 배치하는 것은 참을 수 있었다. 그러나 나라를 송두리째 일본에 넘겨 준다는 것은 도저히 참을 수 없어 이를 단호히 거절했던 것이다. 황제는 일본이 장차 그 야욕을 강행하리라는 것을 잘 알고 있었다. 동시에 황제는 자기 혼자만 든든히 서 있으면 그네들이 성공하지 못할 것이며, 비록 그네들의 야욕이 성공된다손 치더라도 반드시 전 세계의

분개憤慨를 일으키고 말 것이라 믿고 있었다.

그는 일본 측이 최종적인 폭력을 가해 오기 전에 미리 손을 쓰고자, 워싱턴 정부에 친서를 전달하기로 결심했던 것이다. 왜냐하면 1882년에 체결된 조미수호조약 제1조에 명시된 바, 쌍방 중 어느 일방이 제3국에 의하여 침략을 당했을 때는 다른 일방은 이에 간섭하여 우호적으로 이를 해결해 주어야 한다는 조문이 있기 때문이다.

그런데 이 친서를 대한제국 외교관을 통해서는 워싱턴 정부에 전달할 수 없었다. 왜냐하면 당시 외교권은 일본인의 '소매 속에' 철통 같이 통제되어 있었기 때문이다. 밀서를 미국 대통령에게 전달할 유일한 방법은 다만 개인적이며 비밀스런 통신 수단밖에 없었다. 그 길만이 한국에 대한 일본의 만행을 저지시키며, 미국 대통령이 이 사건을 조사한 다음 한국을 도와주게 할 수 있는 유일한 방법이었다. 그리하여 그 밀서는 헐버트의 손에 의하여 10월에 발송되었다. 그러나 일본인들은 비밀리에 무엇이 진행되고 있는지 눈치 채고 있었다.

요코하마 항에서 출항한 기선에는 일본인 정탐꾼이 탔으며, 그는 그 밀서가 워싱턴에 언제 도착할 것인지에 대한 정확한 정보도 사전에 알고 있었다. 일본도 바로 그 순간부터 한국 수도에서 해야 할 자기네 비밀공작을 서둘렀던 것이다.

이토 히로부미伊藤博文가 최후 훈령을 받아 서울에 파송되었다. 한국은 그를 통해 국가의 생존권을 스스로 포기하도록 강요당했다.

일본인들과 한국 정부의 수뇌들은 여러 차례 회합을 가졌으나 아무런 진전을 보지 못했다. ……황제와 모든 대신이 완강한 태도로 이를 거절했기 때문이다. ……황제는 회의 도중 신변의 위험을 느끼고 잠시 옆방으로 피신했다. 대신 중 가장 완강하게 반대한 대신은 한규설 참정대신이었다. ……그도 역시 황제가 계신 방으로 가려고 했으나 일본 무장군인들에게 걸려 다른 방으로 끌려갔다. ……이토는 참정대신이 공석인 회의장소, 즉 전국적으로 반대하지 아니하는 대신들만이 모인 자리에 나타났다. 드디어 외무대신이 조약 문서에 도장을 찍고 봉인을 하게 되었다. 어떻게 이런 일이 성립되었는지 의문이다. 어떤 사람은 말하기를 일본사람들이 도장을 훔쳐다가 찍었다고도 한다…….

헐버트의 수기는 이렇게 계속된다.

이 일이 있자 일본 관리들은 워싱턴에서 공포하기를, 한국 정부가 자발적으로 자기네 국토 보호 문제를 일본 정부에 넘겨 주었다고 했다. ……그리고 미국 정부는 일본인의 공포에 대한 사실 여부를 한국 정부에 알아보지도 않고 일본인들의 주장이 정당하다고 주장하는 동시에, 서울 주재 미국 공사관을 철수시키는 한편, 워싱턴 주재 한국 공사관에 대하여 앞으로는 한국과의 외교 관계는 도쿄를 통해서 수행할 것이라는 통고를 하게 되었다. 황제의 밀서는 미국 정부의 공포가 있은 뒤에야 도착되었다.

그러나 비록 이 밀서가 그전에 미국 대통령에게 전달되었다 하더라도,

이 흉계가 다 끝나기 전에는 접수되지 않았을 것이며, 그때는 이미 때가 늦었을 것이다.

후대 역사가들이 과거를 돌이켜 볼 때, 미국 정부가 한국 민족의 생존 문제에 대해 이 같은 모욕적이며 경솔한 행동을 한 점을 어떻게 보겠는가? 공정한 눈으로 관찰할 때 그들은 미국인의 역사에 찬사를 던지는 따위의 말은 절대로 할 수 없을 것이다.

이렇듯 헐버트는 비통한 어조로 미국 정부의 불의를 규탄하며, 계속해서 다음과 같이 썼다.

민영환 씨 즉 내가 아는 동양사람 중 가장 식견이 탁월하고 공명정대한 인물인 그는 조국의 독립을 지키기 위하여 끝까지 싸우다가 실패하자 자결하고 말았던 것이다.

그의 기념비와 그의 뒤를 따라 순국한 애국자들의 기념비는 한국 국민들 앞에 확실한 증거로 남아 있게 될 것이며, 아무리 눈이 어두워지고 중상모략만을 일삼는 사람들이라 하더라도 '*dulcit Pro Patria mori*' 즉 '죽음은 애국자의 영광이다'라는 것을 알게 될 것이다.

또 헐버트는 이준 등과 함께 1907년 헤이그밀사로 파송되었다.

역사가 신지현은 '세계에 호소하다—고종의 밀사密使'라는 주제로 다음과 같이 썼다.

이와 전후하여 고종은 헐버트를 파견하여 밀사들의 활동을 측면으로 지원할 계획도 세웠다. 고종의 당초 계획은 1906년 여름 헐버트를 미리 보내어 자국의 수도를 방문케 함으로써 다음 해 헤이그에서 활동할 기반을 준비시키려는 것이었으나 사전에 비밀이 탄로 나는 것을 막기 위하여 1907년으로 연기하였던 것이다. 그리하여 헐버트는 밀사들의 활동을 지원하고 그들의 자문 역할을 맡을 임무를 띠고 한국을 출발했다. 그는 3인의 밀사가 헤이그에 도착하는 대로 현지에서 합류할 것에 합의하고 4월 초 3인 밀사의 출발에 앞서 가족과 함께 스위스로 향했던 것이다.

헐버트는 밀사 일행에 앞서 4월 초 한국을 출발하여 일본과 중국을 경유, 시베리아횡단철도로 러시아를 거쳐 유럽에 도착하였다. 이 무렵 헐버트가 고종으로부터 모종의 밀령을 받고 헤이그 만국평화회의에 참석한다는 소문이 꽤 널리 퍼져 있었던 것 같은데, 일본 외교 문서에 의하면 이것은 헐버트가 자신의 입으로 발설한 것으로 되어 있다. 헐버트는 이상설 등의 밀사 파견 계획이 탄로 나는 것을 방지하기 위하여 일본인의 신경을 자신에게 집중케 할 목적으로 이처럼 발설하였던 것으로 짐작된다. 실제로 일본인의 정보 촉각은 헐버트에게 집중되었던 것이다. 일본 외교 문서의 헤이그 밀사에 관한 기록을 보면 처음에는 주로 헐버트의 밀사설에 대해 전문이 오간 것을 알 수 있다. 5월 19일자로 통감 이토 히로부미가 저희 외무대신에게 보낸 전문을 보더라도 그들은 그때까지 이상설 등의 밀사 파견에 대해서는 전혀 모르고 있었으며, 헐버트가 평화회의에 참석한다는 사실에만 신경을 쓰고 있었음이 밝혀지고 있다.

헐버트는 스위스, 프랑스 등지에서 언론인들과 접촉하면서 한국을 위해 선전 활동을 전개하였다. 특히 그는 후에 한국 밀사들의 활동에 큰 도움을 준 영국의 저명한 언론인 W. T. 스테드와 접촉하여 그의 협력을 얻는 데 성공하였다. 스테드는 1899년 제1차 만국평화회의 때에도 저명한 신문기자로서 활약하였고, 제2차 만국평화회의에서는 헤이그에서 출간되는 〈꾸리에 드 라 꽁페랑스〉라는 일간신문을 편집하던 사람으로, 언론을 통한 밀사들의 활약은 주로 이 사람의 도움으로 행해졌다. 헐버트는 밀사들이 도착한 지 약 보름 후인 7월 10일 헤이그에 도착했다. 그동안 그는 파리 등지에서 밀사들을 측면에서 지원하고 있었는데, 일본 외교 문서에는 이 사실에 관하여 다음과 같이 기록되어 있다 하면서 자세한 그의 활동 내용을 지적했던 것이다.

이러한 기사를 보더라도 헐버트가 얼마나 한민족의 은인인지 알 수 있다. 3인의 밀사 파견이 사전에 탄로 날까 봐 자기가 일부러 일본인 함정 속에 뛰어들었던 것이다. 결국 이 밀사 사건으로 인해 그는 한국에서 추방당하여 프랑스, 스위스 등 유럽 각지를 방황할 수밖에 없었다. 프랑스에 있을 때는 한동안 프랑스 YMCA 간사로 일하기도 했다.

헐버트는 저명한 언론가, 교육자 특히 한국의 역사와 문화 연구 면에서는 개척자 구실을 했다. 저서로는 두 권으로 된 《한국사》, 《한국망국사》가 있고, 세종대왕이 창제한 훈민정음에 대해서는 "세계에서 가장 훌륭한 소리글자"라고 극찬하였다.

8·15 해방 후 1948년 대한민국 정부가 수립될 때 초대 대통령 이승만은 헐버트를 국빈으로 초대했다. 그때 헐버트의 나이는 84세의 고령. 그는 아무리 여행이 위험하다 해도 광복된 한국이 보고 싶어 왔다가 결국 불귀의 몸이 되고 말았다. 그러나 그는 "나는 웨스트민스터 성당보다 한국 땅에 묻히기를 원하노라"라는 유언을 남기면서 최후의 숨을 거두었다.

헐버트는 명문 기독교 가정의 후예로, 그의 아버지는 회중교회 목사, 미들버리 대학 학장이었고, 어머니는 다트마운트 대학 창설자의 후예로, 인도에 파견되었던 선교사의 딸이다. 헐버트의 가족은 철저한 칼뱅 교리의 신봉자였다.

5 항일 언론 투사
베델

E. T. Bethel

일제의 언론 탄압

　베델Ernest T. Bethel은 영국 출신 언론인으로, 항일 민족지 〈대한매일신보〉의 창설자이자 초대 사장을 지냈고, 일본의 침략행위를 맹렬히 비판 규탄하는 동시에, 1905년 을사늑약이 체결되자 고종황제의 친서를 〈대한매일신보〉에 게재하여 일본의 침략 만행을 국내외에 폭로한 장본인이다.

　〈대한매일신보〉 외에도 〈황성신문〉, 〈경향신문〉 등 국내의 항일 민족지가 정면으로 일본의 침략정책을 비판했기 때문에 일제로서는 언론 탄압을 위하여 1907년 7월 24일 소위 '신문지법'을 제정하였다. 1908년 4월 20일 동 신문지법을 개정 발표했고, 다시 1909년 3월에 이르러 출판법을 제정하면서 언론 탄압을 본격화하였다.

　신문지법이란 신문발행의 허가제, 신문기사의 사전검열제로, "안녕

질서를 방해하거나 풍속을 괴란하는" 신문에 대해서는 가차 없이 발행·발매·반포를 금지하고 압수한다는 것이었다. 이 법에 의하여 일제는 "한국인이 국내에서 발행하는 신문지에 대해 경시청 또는 도경찰부로 하여금 인쇄 전에 신문 원고를 검열케 하고 과격한 문구를 삭제" 하면서 모든 애국적 언론을 탄압하였다.

그리하여 일제는 "서울의 영국인이 경영하는 〈대한매일신보〉를 비롯하여 재외 한국인이 경영하는 미국 샌프란시스코의 〈신한민보〉, 하와이의 〈신한국보〉, 러시아 포염(浦鹽, 블라디보스토크)의 〈대동공보〉 등의 신문은 계속 일본을 비난하는 언론을 게재하기 때문에 이를 한국에 수입하거나 발매 반포하도록 방치해 두면 일제의 침략 노력이 허사가 되고 말 것이다"라는 판단하에 또다시 신문지법을 개정 강화했던 것이다.

이 개정 신문지법에 의하면, "외국에서 발행한 국문 또는 국한문, 한문의 신문지로 치안을 방해하며, 또는 풍속을 괴탄하는 것으로 인정할 시에는 내부대신은 그 신문지를 국내에서 발매 반포함을 금지하고 그 신문지를 압수할 수 있음"이라 규정했다. 그리하여 하와이에서 발행하는 1908년 6월 10일자 〈신한국보〉는 "이번 신문지법 개정은 사람의 수족을 결박하고도 도리어 부족하여 그 마음까지를 꽉 막아 버렸다"는 요지의 사설을 쓰기까지 했던 것이다.

이렇게 되어 각 신문이 무수히 압수되었는데, 1909년 1월부터 그해 12월까지 총 압수 건수는 141건, 압수된 부수는 무려 2만9백47부이며, 그 중 〈대한매일신보〉의 14건과 1만6천3백14부가 가장 분량이 많았다.

대한매일신보
〈데일리 뉴스〉 특파원으로 내한한 베델이 1904년 7월에 창간한 신문. 베델은
"나는 죽지만 〈대한매일신보〉는 영생케 하여 한국 동포를 구하라"는 유언을 남겼다.

항일 언론 투쟁

〈독립신문〉이 우리나라 개화기에 민중의 등대 구실을 한 데 비하여 〈대한매일신보〉는 항일투쟁기에 민중의 방패, 민중의 대변자 구실을 했다. 그러면 이 신문의 창설자이며, 초대 사장이던 베델은 어떠한 사람인가? 유감스럽게도 그에 대한 어린 시절 사료는 그다지 많지 않다. 국사편찬위원회에도 그의 재판기록 같은 것은 많지만, 그의 출생·성장 등 개인적 측면에 대해선 그다지 많이 보존하고 있지 못하다.

1872년 영국 브리스톨에서 출생한 베델은, 1904년 러·일전쟁 때 런던 〈데일리 뉴스〉지 특파원으로 내한하여 한국과 첫 인연을 맺었다. 그는 일본군과 러시아 군대가 맞붙어 싸우는 현장을 취재할 욕심에서 내한했을 것이다.

그가 서울에 도착한 것은 1904년 3월 10일, 일본 해군은 선전포고도 없이 그해 2월 8일 러시아 군함을 인천 앞바다에서 격파한 여세를 몰아 중국 뤼순 항에 있는 러시아 군대를 기습했다. 그러자 한국 땅은 일본과 러시아 군대의 결투장으로 변해 버렸다.

아마 이 현장이 베델에게 관심거리가 되었을 것이다. 그러나 어쩌다가 한국에 그냥 눌러앉아 〈대한매일신보〉를 창간하게 되었는지에 대해서는 어떠한 기록도 찾아내기 어렵다. 어쨌든 그는 내한한 지 4개월도 채 안 된 1904년 6월 29일 〈대한매일신보〉의 영자 신문을 만들었으며, 7월 18일 드디어 창간호를 냈다. 이것을 보면 그는 내한 즉시 신문 창간에 착수한 듯하며, 그와 함께 신문 창간에 관여했던 양기탁, 박은식, 신채호 등 지사들과는 만나자 곧 뜻이 통한 것이리라 추측해 볼 수 있다.

　당시 일본과 영국은 소위 영일동맹 관계에 있었다. 영국은 일본이 좋아서가 아니라 러시아가 미워서, 일본 세력을 이용하여 러시아의 남하 세력을 꺾고자 해서 관계를 맺고 있었다. 영국 국민인 베델도 똑같은 심정이었을 것이다. 그러나 베델은 일본의 야만적 침략행위를 목격하고서는 그들을 참기 어려웠다.

　그때는 자기가 영국인이라는 것과 영일동맹하의 영자신문이라는 것도 잊어버리고 다만 순수한 인간으로서, 약소국 한국에 대한 일본의 침략을 규탄하고 싶은 강한 충동을 느꼈다. 마치 착한 사마리아 사람이 불한당 만난 사람을 노상에서 구해 주듯이 한국을 구해 주고 싶었을 것이다.

　한편 양기탁, 박은식, 신채호 등 한국의 우국지사들은 영국인을 앞세우는 것이 신변보호와 항일투쟁에 편리하다는 것을 느끼면서 이내 결탁이 급진전됐던 것이다. 소위 대표적인 민족의 대변지 또는 항일민족지라고 하는 신문의 사장이 어떻게 외국인이 될 수 있느냐 하는 반론이 더러 있을 수 있지만, 이것은 당시 한국의 정치적 상황을 고려하지 않고서는 이해하기 어렵다.

　어쨌든 베델은 〈대한매일신보〉를 순 한글판과 영문판 두 가지로 내기 시작했다. 처음부터 민중 상대와 국제 상대로 달려들었던 것이다. 1905년 11월 17일 을사늑약이 체결되자 장지연이 〈황성신문〉에 '시일야방성대곡'이라는 명 논설을 실어 전국을 울음바다로 만들었는데, 일본군의 사전 검열 없이 내었다고 해서 체포되고 신문이 일시 정지당했을 때에도 〈대한매일신보〉만은 검열을 겁내지 않고 장지연의 행동을 찬양하고 호외까지 발행하여 일본을 규탄하는 데 서슴지 않았다.

이 신문만이 서슬 퍼런 일본의 무력 앞에서도 홀로 세계를 향하여 일본의 만행을 폭로하고 한민족의 애국심과 혼을 일깨우면서 매국의 역적들을 맹렬히 힐책했다.

〈대한매일신보〉가 이와 같이 과감하게 애국적 논설과 기사를 쓰자 고종은 크게 감동하여 비밀리에 지원을 아끼지 않았다. 비록 모든 통치권을 박탈당했으나 고종은 1906년 2월 10일자로 발행인 베델에게 "신문과 통신의 전권자로 특히 위임한다"는 특별위임장을 내리기도 했으며, 비밀리에 운영비조로 매달 1천 원씩 총 1만 원을 하사하기도 했다. 이에 대한 재판기록을 보면, "〈대한매일신보〉는 서양인의 경영 관계로 항상 한국과 구 황실에 유리한 기사만을 게재하고 있었다. 그러나 동 신문은 재정난으로 어떤 일본인에게 팔려 넘어간다는 소문을 듣고 폐하(고종)께서 심히 걱정하시고 그 출판의 계속을 위하여 무슨 방법으로든지 손을 써 지원금을 하사하고자 원하던 차 이 달에 1천 원을 하사하시게 되었는데 최근 베델과 손탁Sontag이 자유로이 폐하를 만나기 어렵게 되매, 자기(손탁)를 통해서 그 지원금이 전달되었다"라고 했던 것이다.

일제의 국외 추방

〈대한매일신보〉의 이 같은 언론 투쟁에 대하여 일제는 더 이상 참을 수가 없었다. 드디어 침략의 원흉 이토 히로부미는 베델의 국외 추방을 결심하고 행동을 개시했다. 그는 즈모토 모토사다頭本元貞라는 유명한 일본 언론인으로 하여금 〈서울 프레스 Seoul press〉라는 제호의 영자 신문을 발간케 하여 〈대한매일신보〉를 방해하는 동시에, 한편으로는 주한 영국 총영사에게 베델의 국외 추방을 정식으로 요청하였다. 그 이유로서 이토는 ① 1907년 9월 21일자 〈대한매일신보〉는 일본국 황태자의 한국 방문에 관한 기사를 무례하게 썼으며, ② 9월 18일자 〈대한매일신보〉는 일본 군대의 의병 토벌 방법이 너무 잔인하고 야만적이라고 비난했으며, ③ 10월 1일자 동 신문은 각국의 혁명전쟁을 찬양하여 은연 중 폭동을 선동했다는 것 등을 지적했다.

더욱이 1908년 4월 17일자 〈대한매일신보〉가 친일 미국인 스티븐스 Stevens를 쏘아 죽인 전명운(田明雲, 1884~1947)과 장인환(張仁煥, 1876~1930)의 거사를 찬양 보도한 것에 대하여 주일 영국대사에게 강력한 항의서를 제출했던 것이다. 다시 말해서 이젠 더 이상 참을 수 없으니 일본 통감부가 영국인 베델을 한국에서 추방하겠다는 공갈 항의문이었다. 그러나 대영제국 외무부는 일본의 이 같은 공갈에 굴하지 않았다. 영국 외무부는 베델 사장 문제를 어디까지나 법률문제로 다루어 "그 나라 영국 추밀원령의 범위 내에서 결정해야 한다"고 답변했다.

결국 서울 주재 영국영사관 고등법원은 베델의 범죄 여부를 조사하기 시작했다. 그들은 베델이 영국 시민인 만큼 어디까지나 영일동맹하의 조문 범위 내에서 다룰 수밖에 없었다. 그 결과 고등법원은 1908년 6월 15일자로 베델에게 유죄 판결을 내렸다. 그 내용과 이유를 요약하면, ① 4월 17일자 스티븐스 암살 사건에서 베델은 전명운, 장인환 등 하수인들을 애국지사, 의사 등으로 찬양함으로써 일본의 보호권을 묵살하였으며, ② 4월 29일자 '메테르니히'라는 제목의 기사에서는 분명히 한국의 현상을 19세기 중엽의 이탈리아에 비유하여 일본에 대하여 자유와 정의의 종을 울려야 한다고 민중을 선동했으며, ③ 5월 16일자 '17학생의 지혈'이란 제목의 글에서는 "우리는 과연 우리나라를 회복하지 않으면 안 된다……고래로 영웅으로서 누가 피를 흘리지 않고 영광스러운 위업을 역사에 남긴 자 있느냐"라고 말했으며, 이 같은 논설들이 한국인을 선동하여 일본인 반대운동을 했다는 것이며, 이 같은 신문 기사는 결국 일본인과 한국인 간의 적대 감정만 조장하게 됐다고 주장했다.

이처럼 영국 고등법원은 일본의 강압에 몰려 어쩔 수 없이 베델에게 유죄 판결을 내려 3주간의 금고형(상하이로 보내어), 6개월간의 근신을 명했다.

베델은 상하이에 끌려가서 3주간 금고형에 처해 있다가 다시 서울에 찾아왔으나, 오랜 일제의 탄압과 경영난에 멍든 몸을 가누지 못하고 깊은 병상에 눕게 되었다. 마침내 그는 1909년 5월 1일 서대문 자택에서 숨을 거두니, 37세의 아까운 나이였다. 죽기 직전에 그는 "나는 죽지만 〈대한매일신보〉는 영생케 하여 한국 동포를 구하라"는 유언을 남겼다.

유해는 5월 2일 양화진 외인묘지에 안장되었다. 이어 5월 5일에는 동대문 밖 영도사(永導寺, 오늘날의 개운사開運寺)에서 추도식이 거행되었는데,

베델의 묘비
장지연이 지은 베델의 묘비문을 일본 관헌이 칼로 박박 깎고 쪼아서 지워 버렸다. 이에 8·15 해방 후 한국 언론인들이 성금을 모아 순 한국어로 비문을 새기고 그 사연을 적어 두었다.

각 사회단체 대표 4백여 명이 모인 가운데 양기탁은 "고故 베델 사장은 독립사상을 고취하여 일본의 행동을 질책하시다가 불행히도 병을 얻어 서거하셨다"라는 내용의 추도사를 낭독하고, 안창호는 "영국인인 베델 씨가 우리나라에 바친 것이 이와 같을진대 어찌 우리가 가만 있을 수 있겠는가"라는 요지로 열변을 토했다.

순 한문으로 장지연이 묘비문을 짓고, 정대유丁大有가 글씨를 써 1910년 6월에 묘비가 세워졌다. '대한매일신보 사장 대영국인 배설지 묘'라는 비석이 세워져 그 뒷면에는 장지연의 비문이 새겨졌는데, 이것을 일제가 칼로 박박 깎다시피 망치로 쪼아 지워 버렸다. 그런 것을 8·15 해방 후 한국 언론인들이 성금을 모아 또 하나의 비석을 그 옆에다 세우는 동시에 이번에는 순 한글로 비문을 새기고 나중에 다음과 같은 사연을 적어 놓았다.

> 선생의 비문은 1910년 장지연 선생이 지으신 것이나 뒤에 일본 관헌이 깎아 없앴다. 1964년 한국의 전 언론인이 성금을 모아 그 원 비문을 알아보도록 하는 동시에 여기 간단히 그 사적을 적어 둔다.

6 백정 해방운동의 지도자
무어

S. F. Moore

낮은 자들의 친구

　백장 전도의 개척자, 백장 해방운동의 지도자, 사랑의 사도로 존경받는 무어의 무덤은 다른 선교사들의 무덤에 비하여 너무 초라하고 간소하다. 그의 비석은 한국전쟁 당시 군데군데 총탄을 맞아 글자가 지워진 데가 있어 더욱 애처롭다.
　비석 앞뒷면에는 국문과 영문으로 각각 비문이 새겨져 있는데, "장로회 선교사 모삼률 기념비長老會宣敎師毛三栗紀念碑"라는 비석에는 1892년 내한하여 1906년 48세 때 별세하였다는 기록과 "조선인사朝鮮人士를 샤랑ᄒ엿고 쏘 그들을 예슈씌로 인도引導ᄒ기를 원願ᄒ엿ᄂ니라. 뎌의 슈고를 긋치매 그 힝ᄒ 일이 쏘ᄒ ᄯᆞᄅᄂ니라[조선 사람을 사랑하였고 또 그들을 예수께 인도하기를 원하였다. 이제 저의 수고를 마쳤으니, 또한 그 행한 일을 따라야 할 것이다]"라는 짤막한 비문이 새겨져 있다. 그러나 영문으로는 "예수 그리스도의 충복Dedicated servant of Jesus Christ"이라든가, "아름다운 인격과 정신의 소유자Beautiful in Character and Spirit"라는 조금 더 구체적이며 절실한 표현으로 되어 있다.

무어에 대해서는 상당한 조사기간이 걸렸다. 그의 한국어 이름이 비석에는 '모삼률毛三栗'로 되어 있어, 일반 문헌에 나타난 '모삼열毛三悅'과는 거리가 멀기 때문에 그 무덤이 정말 확실한지의 여부를 가려낼 필요가 있었으며, 무어에 관한 영문 기록도 그리 많지 않기 때문에 더 시일을 두고 조사할 필요가 있었기 때문이다.

그러던 중에 다행히도 32년 만에 모국을 찾아온 임순만林淳萬 목사를 만나게 되었다. 임 목사는 오래 전부터 무어 연구에 힘써 왔으며, 또한 그를 통하여 마르다 헌틀리Martha Huntley의 책《한국 선교 초기사Caring, Growing, Changing, A History of the Protestant Mission in Korea》가 나왔다는 사실과 그 책에 무어의 약전이 실려 있다는 것을 알게 되었다. 또한 무어의 비석을 다시 확인하기 위하여 양화진 외인묘지를 찾아갔다가 그 묘지 관리인으로부터 클라크Donald N. Clark가 펴낸 책《양화진 YANGHWAJIN, Seoul Foreigner's Cemetery, Korea. An Informal History, 1890~1940》을 얻게 되었다.

무어의 곤당골교회

사무엘 F. 무어Samuel Farman Moore의 출생지는 알려진 바가 없다. 1846년에 태어났고, 맥코믹 신학교를 졸업한 뒤 46세 때 아내 로즈 엘리Rose Ely와 북장로교 선교사로 내한하였으며, 1906년 12월 22일 작고했다.

불과 14년의 짧막한 선교활동이었지만 그의 공헌은 그야말로 혁혁한 것으로, 헌틀리는 '세계를 뒤집어 놓은 사건Turning the World Upside Down' 이라는 제목으로 그의 행적을 썼으며, 무어가 이룩한 한국의 백정 해방운동을 높이 평하는 가운데 "링컨 대통령의 노예 해방 선언을 얻은 흑인들의 기쁨은 결코 한국 백정들의 그것보다 더 큰 것은 아니었다"라고 말했다.

무어는 1892년 선교사로 내한한 즉시 우리말 공부에 커다란 열의를 보여 동료 선교사들을 놀라게 했다. 그는 자기 집에서 여러 마일 떨어진 조그만 집에서 살았다. 우리말을 빨리 익히기 위해서는 외국인들과 동네 구경꾼들로부터 격리될 필요가 있었기 때문이다. 그는 우리나라에 도착한 지 수주일 안에 자기 집 가사도우미를 신자가 되게 했으며, 6개월 만에 우리말로 대화하고 교회에서 기도할 수 있을 만큼 어학 실력이 향상되었다.

그는 매일 아침 2, 30명의 사람들과 만나 교제하면서 그들에게 성경을 가르쳤다. 매일 오후에는 서울 거리에도 나가고 한강 어귀에 있는 시골 마을에도 나가 전도를 했다. 그리하여 무어는 1900년까지 25개의 예배 처소를 세웠으며, 성인 교인 총수는 850명에 달했고, 어느 해에는 그 중 100명에게 세례를 주었다. 또한 그는 서울 서쪽 변두리에 교회 두 개를 세웠다.

그가 작고한 1906년, 북장로교선교회 본부의 통계를 보면 더욱 놀라운 사실을 발견하게 된다. 1906년 북장로교선교회 본부의 선교 실적 중 무어가 세운 집회장소 수는 총 집회장소 수의 거의 17퍼센트를 차지하

●무어가 세운 곤당골교회
인사동 승동교회의 전신. 사진은 승동교회 최초의 모습이다(1904년).

무어의 묘비
한국전쟁 당시 군데군데 총탄을 맞아 글자가 지워졌다.

였으며, 그가 세례를 준 사람 수는 총 세례교인의 13퍼센트 이상, 총 교인 수는 10퍼센트 이상이었으며, 헌금 총액도 거의 10퍼센트를 차지하고 있었다.

1893년은 우리나라 기독교사에서 매우 중요한 해다. 이해에 선교사들이 처음으로 선교사공의회를 조직했으며, 이 공의회는 선교 정책을 세우는 가운데 "모든 문서사업은 한자의 구속을 벗어나 순 한글을 사용한다"는 결의안을 채택했고, 장로교회로서는 두 번째 교회가 설립된 해이기 때문이다. 이 교회가 바로 무어가 세운 '곤당골교회'이다. 이 교회는 그 뒤 승동교회로 발전하였다. 이에 대하여 헌틀리 여사는 분명히 전하였다.

> 에비슨 박사가 국립병원을 다시 연 뒤 무어와 그의 선생은 거기서 정기적으로 설교를 하였다. 1893년, 즉 그가 내한한 지 2년째 되던 해에 신자들을 모아 서울에서는 두 번째 장로교회를 창설했는데, 창설 교인은 16명이었고, 첫 해에 43명의 교인이 모이는 교회로 성장시켰다.

그리고 《조선예수교장로회사기 상권 朝鮮예수敎長老會史記上卷》에도 기록되어 있는데 이것을 원문 그대로 옮겨 적어 보면 다음과 같다.

> 主後一八九三年(癸巳) 是時各處에 信徒가 雖多하나 治理會가 現無함으로 宣敎師等이 一公議會를 組織하야 朝鮮예수敎長老會가 完全히 成立될 時期까지 全國敎會에 專權治理하난 上會가 되얏스니 第一回 會長

은 李訥瑞러라 是時에 宣敎師牟三悅이 京城美洞에 居住하야 아직 方言을 未解하나 熱心히 甚烈하야 每日敎徒와 同伴하야 市街傳導를 爲務하니 當時 助師난 金永玉 千光實이오 傳道난 馬永俊 李承斗러라 蓋牟牧師의 信德과 慈善은 中에 誠하여 外에 形한 故로 觀感者 頗多하야 信與不信을 毋論하고 仁牧이라 共稱하고 其家난 仁義禮智家라 稱하더라 末幾에 牟三悅이 京畿東邊으로 巡行할새 金永玉 千光實이 伴住하야 楊州 抱川 等地에 傳道하야 數處敎會를 設立하니라

[주후 천팔백구십삼 년 그때 각처에 신도가 많으나 치리회가 없어서, 선교사들이 공의회를 조직하여 조선예수교장로회가 완전히 성립될 시기까지 전국 교회를 치리하는 상회가 되었으니, 제일회 회장은 이눌서(레이놀즈)였다. 그때에 선교사 모삼열(무어)이 경성 미동에 거주하면서 아직 방언(우리말)을 잘 이해하지 못하지만 열심히 공부하여 매일 신도와 함께 시가 전도를 하니, 당시 함께 다닌 조사는 김영옥, 천광실이고, 전도사로는 마영준과 이승두였다. 모 목사의 신덕과 자선이 가득하여 겉으로는 드러나는바, 보고 느끼는 자들이 많았으니, 믿든지 안 믿든지 상관없이 모두들 그를 어진 사람이라 칭찬하고 그의 집은 인의예지가 있는 집이라 일컬었다. 말기에 모삼열이 경기 동변으로 순행할 때 김영옥, 천광실이 같이 가서 양주, 포천 등지에 전도하여 여러 곳에 교회를 세웠다.]

여기 선교사 모삼열은 무어, 즉 비석에 있는 모삼률을 다른 이름으로 부른 것이며, 경성 미동京城 美洞은 옛날 미장동美牆洞의 약칭이며, 미동은 본래 곤당골(고운담골의 약칭)의 한자식 이름이다. 이 곤당골에 세워진 교회에 대해서는 《미국장로교의 한국 선교의 역사 History of the Korea Mission, Presbyterian Church, U. S. A., 1884~1934》의 저자 로데스Harry A. Rhodes 박사도 같

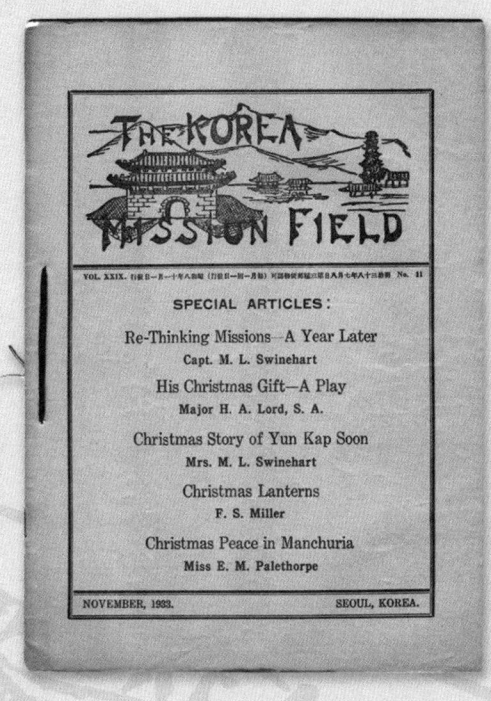

코리아 미션 필드
1904년 11월에 창간된 기독교 영문 월간 잡지. 무어는 1907년 〈코리아 미션 필드〉에 '창세기와 영국 역사'라는 제목의 글을 발표하였다.

은 기사를 썼으며, 초대 선교사 빈톤C. C. Vinton은 1895년 10월호 〈코리안 레포지토리〉에 '한국 개신교의 통계'를 발표하는 글에서 곤당골교회가 1893년에 설립되었다는 사실과 이 교회가 곧 새문안교회 다음 두 번째로 창설된 장로교회라는 사실을 명기했다.

백장의 역사

백장 전도와 백장 해방운동에 관한 서술에 앞서 먼저 우리나라 백장의 역사와 사회적 지위에 관하여 말할 필요가 있다. 알다시피, 우리나라에도 인도의 카스트와 같이 양반·중인·상인·천인의 4계급 제도가 있었다. 이중에서 천인은 가장 밑바닥 계급으로서, 다시 공천인公賤人과 사천인私賤人으로 나눌 수 있는데, 공천인은 양반들의 시중을 드는 기생이나 나인·노비·역졸 등을 말하고, 사천인은 사가私家의 노비·중·창기·매복[돈 받고 점을 쳐 주는 점쟁이] 등을 말한다.

그런데 이 천인 중에서 더 심하게 인간 대우를 받지 못하는 직업인들이 있었으니 이른바 칠천역七賤役이라고 했다. 즉 기생·무당·광대·포졸·갖바치[가죽신 만드는 일을 업으로 삼던 사람]·고리장·백장 등이다.

이렇게 보면, 우리나라에서는 광대 즉 오늘날의 오페라 가수·연출가·배우도 칠천역이었고, 기생 즉 황진이 같은 여류작가나 예술가도 칠천역이었고, 고리장 즉 수예가·죽세공예가·자수가도 칠천역이었고, 무당은 불교의 스님과 사촌 격인데 그러한 종교인도 칠천역이었고, 포졸 즉 국가의 보안을 담당한 공직자들도 칠천역이었고, 끝으로 백장은 칠천역 중에도 최하위의 천인이었다.

그러면 백장의 역사는 어떠한가?

무어는 1898년 4월호 〈코리안 레포지토리〉에 '한국의 백장 The Butchers in Korea' 이라는 제목으로 귀중하고도 흥미로운 글을 썼다. 그는 전문가다운 필치로 백장의 본질과 역사를 상술하였다. 무어의 글과 그 밖의 역사 문헌을 토대로 하여 상고해 보면, 백장의 역사는 멀리 삼국 시대에까지 거슬러 올라간다.

우선 백장이란 말은 '白丁백정' 이라는 한자에서 왔다. 이에 대하여 역사가 이인영은 "백정이라는 어의語意는 상민常民의 정남丁男이라는 뜻이 있었다"라고 하였으며, 국어사전은 백정이 아니라 백장을 표준어로 삼고 있다. 국사대사전에 의하면, 백정이라는 명칭은 수나라의 백성이란 뜻이었으며, 이 말이 고려에 전래되었을 당시에는 그대로 일반 백성이라는 뜻이었으나 점차 북방 민족의 총칭으로 변하게 되었다. 다시 말해서 이들은 일반 대중과 융합되지 못하고 방랑생활을 하며, 때로는 왜구를 가장하고 민가 및 관청에 침입하여 노략질을 하는 경우가 많았다.

또한 백장을 국어사전에서는 '양수척楊水尺' 이라고도 하며, 양수척을 다시 '무자리' 라고 풀이하는데, 무자리는 "삼국시대 유민의 한 족속이며, 사냥질과 고리 만들어 파는 것으로 업을 삼았으며, 이 무자리에서 후세의 백장·광대·기생들이 나왔다"고 한 것을 보면, 백장의 시조는 본래 북방 민족으로서 천인이 아니었음이 확실하다.

어쨌든 이 백장 또는 무자리 계급은 처음부터 집권자들의 골칫거리였다. 고려의 《최충헌전》에 보면, 고려 태조 왕건이 후백제를 칠 때 최후까지 반항하던 자들을 모조리 잡아다가 압록강 근처 국경지대로 이주시켰는데, 그 뒤 이자들은 양수척 즉 무자리가 되어 사냥질과 고리 만드는 것으로 업을 삼았으며, 고려 중기에는 압록강 부근에서 살았다고 한다. 그리고 이들의 후손이 이조 선조시대에는 백장이 되어 각지에 흩어져 살고 있었으나 생활난 때문에 서울로 모여들게 되었다. 그리하여 조정에서는 이들을 매우 엄격하게 감시하게 되었으며, 이로 인하여 백장들은 일반 민중과 고립되어 그 대부분이 도살업을 생업으로 삼게 되었고, 그중 더러는 광대·고리장·갖바치 등이 되었다고 한다.

1423년 세종 때는 무자리들을 평민으로 대우해 주기 위하여 그들에게 백정 즉 일반 백성이란 이름을 새로 지어 주는 동시에 농토를 주어 농사도 짓게 하고, 군대에도 편입시키고, 일반 평민과 통혼도 허락해 주었으나 일반 민중은 본래의 고정관념을 떨쳐 버리지 못하여 그들에게 신백정이라는 별명을 붙이게 되었다. 그래서 세종의 위민정책寫民政策은 허사가 되고 말았다.

그리하여 백장이라 하면 으레 일반 천인들과도 구별되어 호적에 입적이 금지된 것은 물론, 인권이 완전히 박탈된 채 크고 작은 제사 때 짐승을 잡아 죽이는 것으로 생업을 삼게 되었다. 이 백장이야말로 제일 밑바닥 계급으로서 500년 이상 천대를 받아 온 계급이다. 일제시대 조선총독부의 조사에 의하면 백장의 수가 7,538호, 33,712명이었으며, 1923년에는 진주의 백장 이학찬이 자기 아들을 몇 차례나 학교에 입학

시키려 했으나 거부당한 데 분개하여 강상호, 신현수 등과 형평사衡平社라는 단체를 조직한 적도 있다.

그러나 1890년대 백장의 생활상을 제일 상세하고 실감나게 표현한 사람은 무어일 것이다. 그는 백장의 기원부터 파헤쳤다. 그는 말하기를 "가장 밑바닥 사람들인 백장에 관한 풍속은 공자와 그 제자들의 교훈에서 연유된 듯싶다"고 지적한 다음, 짐승이 죽임을 당할 때의 비명소리는 인간으로서는 차마 들을 수 없으니, 귀인이나 점잖은 사람들은 누구나 "도살장은 인가에서 멀리 떨어진 곳에 두어야 한다"는 공자의 말을 인용했다.

이어서 그는 칠천역 제도는 조선조 초기의 재상 황희黃喜에 의하여 제정되었다는 것을 지적한 다음 한글로 광딕 · 빅장 · 고리쟝 · 무당 · 기샹 · 갖밧치 등 명칭을 또박또박 기록하고 그 내용을 하나씩 설명했다. 더욱이 무어는 제사 풍속을 소상히 기록했는데, 큰 제사가 다섯 가지 있었다고 했다. 즉 봄 · 여름 · 가을 · 겨울 네 계절에 한 번씩 드리는 대제大祭와 연말에 한 번 드리는 특제特祭를 합하여 모두 다섯 가지였다. 계절 따라 드리는 대제 때에는 소 · 양 · 새끼 돼지 등을 70마리부터 90마리까지 잡아 피를 흘려야만 했다. 또한 초하루 보름으로 한 달에 두 번씩 조상에게 드리는 제사 때에는 열 마리가량의 큰 돼지를 잡아야만 했다. 그 밖에 한 달에 몇 차례씩 국왕의 사신이 참석한 가운데 드리는 종묘 제사가 있었다. 또한 임진왜란 때 관우關羽가 구름을 타고 나타나 일본군에게 화살을 비 오듯 퍼부어 왜군을 물리칠 수 있게 해 주었다 해서 동대문과 남대문 밖에 관운장關雲長 묘가 세워져 있는데, 거기에도 제사를 드려야만 했고, 1년에 두 번씩 공자 묘廟에 드리는 제사와 한울님에게 드리는 천제天祭가 있었다. 그리고 나라에 가뭄이 들거나 장마가 지거나 겨울 날씨가 너무 추울 때에도 천재天災를 면하기 위한 기우제 같은 제사가 있었는데, 이때는 국왕이 직접 집례했다.

이러한 오만 가지 제사를 위하여 백장들은 짐승을 잡아 죽이는 일을 도맡아 했다. 결코 쉬운 일이 아니었다. 서울만 아니라 각 도 각 군의 수령이 사는 지방 관청에서도 백장들의 임무는 컸다. 그 임무는 아무런 보수도 없이 행해졌다. 보수라고 한다면, 세금을 안 내는 데 있었다고 할까? 그러나 사실 따지고 보면, 그들이 세금을 안 낸 것은 사람 대접을 받지 못하여 호적에 올라 있지 않았기 때문이지, 보상이나 보수의 형식으로 특혜를 받아 그렇게 된 것은 아니었다.

백장 전도와 해방운동

백장 전도는 어떻게 이루어졌는가? 이에 대하여 나는 1961년 10월호 〈기독교사상〉에 '관자골의 박가성춘朴哥成春'이라는 제목으로 백장 전도에 관하여 약술한 바 있고, 또 13회에 걸쳐 '한국 기독교사 만필'을 쓴 적이 있는데, 이제 그것을 조금 손질하여 얘기하고자 한다.

당시 박성춘이라는 이름의 백장이 있었다. 물론 성춘이라는 이름은 부모에게서 받은 이름은 아니다. 백장은 본래 정식으로 이름을 가질 수 없었다. 요나의 아들 시몬이 예수의 부름을 받은 뒤 베드로라는 이름을 받았듯이, 박가朴哥라는 백장도 예수를 믿은 뒤 비로소 성춘이란 이름을 받은 것이다.

　박성춘은 1862년경 서울 관자골에서 백장의 아들로 기구하게 태어났다. 관자골은 오늘날 서울 종로3가의 관철동과 종로5·6가 근처에 있던 동네이다. 그는 천주교에 대해서 관심이 있었기 때문에 자기 아들 봉주리만은 천주교 학당에 보내어 공부를 시켜 볼 생각이었다. 그러나 천주교 학교에서는 돈을 받는다는 소문을 듣고 망설이고 있던 차에 곤당골에 개신교 선교사들이 학당을 세웠다는 것을 알고 그 학당에 자기 아들을 보내게 되었다. 이 학교가 바로 무어가 세운 곤당골교회의 예수학당이다.

　1894년 어느 날, 박성춘이 장티푸스에 걸려 앓아누웠는데 심한 열이 나서 곧 죽게 되었다. 열은 열로 친다고 하여 더운 방을 더욱 뜨겁게 하고 무당을 데려다가 굿도 하면서 야단법석을 떨 때 아들 봉주리가 이상한 사람 하나를 데리고 왔다. 이 사람이 바로 에비슨이다. 그리하여 거의 죽게 되었던 박성춘은 병상에서 일어나게 되었다. 그는 국왕의 시의인 에비슨 같은 귀한 사람이 자기처럼 천한 사람을 차별하지 않고 친절하게 병을 고쳐 준 데 감격하여 예수를 믿게 되었고 1895년에 무어에게 세례를 받았다. 이때 곤당골교회는 부흥하여 교인이 20명으로 불어나게 되었다.

　그러나 말썽이 일어났다. 일반 교인들이 백장들과는 같이 예배를 드릴 수 없다며 교회 출석을 거부했던 것이다. 무어는 깜짝 놀라 똑같은 하나님의 자녀로서 그럴 수가 있느냐면서 간곡히 만류했지만 소용이 없었다. 약 한 달 뒤 그중 한 사람이 찾아와서 말하기를, 만약 자기들을 앞자리에 앉게 하고 백장들은 뒷자리에 앉도록 좌석을 구별해 준다면 교회에 나오겠다고 했다. 그러나 무어가 그 제안을 거부하자 그들은 마침내 아주 갈라져 나가 홍문동교회를 세웠다.

한편 1893년 16명의 교인으로 시작된 곤당골교회는 그해 말에 이르러 교인이 40명으로 불어나게 되었으며, 1895년에 갈라져 나갔던 홍문동교회 교인들은 과거의 잘못을 뉘우치고 곤당골교회와 합하여 중앙교회(그 뒤 승동교회로 발전)를 세우게 되었다. 때는 바로 1898년. 그때로부터 4년 만에 교인은 108명으로 불어나게 되었는데, 그중 백장 출신이 30명이었고 예배는 곤당골교회에서 드렸다. 이에 대한 한국인의 기록은 찾아보기 어렵다. 그러나 《조선예수교장로회사기 상권》에는 이렇게 기록되어 있다.

> 京城市內 仁寺洞 勝洞敎會가 成立하다 先是에 弘文洞敎會가 分競으로 解散하고 餘衆이 銅峴病院內에 集會하얏다가 病院이 亦移轉하난 同時에 敎會 朴成春 朴重根 鄭允洙 宋仁淳 茶洞金夫人 朴瑞陽 金弼淳 等이 承洞으로 移轉되야 敎會가 成立하니라.
>
> [경성 시내에 인사동 승동교회가 성립하다. 앞서서 홍문동교회가 분쟁으로 해산하고 남은 성도들이 동현병원 내에 모였는데, 병원 역시 이전하는 시기에 교인 박성춘, 박중근, 정윤수, 송인순, 다동 김부인, 박서양, 김필순 등이 승동으로 이전되어 교회가 성립하였다.]

이로 미루어 보아 곤당골교회는 곤당골에서 구리개로 옮겨 갔다가 다시 인사동으로 옮겨 간 것이 확실하며, 1904년에 창설되었다는 인사동의 승동교회는 곤당골교회에서 갈라져 나가 홍문동교회를 세웠던 교인들과 곤당골교회 교인들이 합쳐서 된 것이 확실하다. 그리고 승동교회 교인들은 양반 상놈의 구별 없이 시작된 교회라는 것도 확실하다. 왜냐하면 위 기록에 나오는 김필순은 본래 양반 출신의 소래 사람이며, 그는 박성춘의 아들인 박서양과 제중원 의학교 제1회 동기 졸업생이 되었기 때문이다.

이와 같이 무어는 5백년간 사람 대접을 못 받던 백장들로 하여금 인권을 되찾게 하는 동시에 특권과 횡포를 일삼던 양반들로 하여금 백장들과 함께 하나의 교회를 세우게 하는 데 결정적인 구실을 했다.

그뿐만 아니라 무어는 정치 방면에서도 역사적 역할을 다했다. 무어는 오랫동안 천대받던 백장들을 해방시켰다.

박성춘 등 백장들은 백장의 해방을 위하여 1895년부터 몇 차례 정부에 호소문을 올렸다. 무어가 1898년 4월호 〈코리안 레포지토리〉에 발표한 '한국의 백장'이라는 제목의 글에서 그 호소문의 일부를 번역 소개하면 다음과 같다.

> 3년 전(1895년) 4월에 대한제국 서울 관자골에 사는 백장들은 내부아문內部衙門에게 그들의 괴로운 사정과 참혹한 형편을 고해 바쳤습니다. 그 호소문의 내용은 대략 이러합니다.
>
> "당신의 비천한 충복들인 우리 백장들은 과거 5백 년간 짐승을 도살하는 일을 생업으로 하여 살아왔습니다. 우리는 언제나 충성스럽게 나라

에서 시키는 대로 잘 순종하고 모든 일에 아무런 보수도 없이 성심껏 일해 왔습니다. 그러나 우리는 칠천역 중에서도 제일 밑바닥 사람으로 천대받아 왔습니다. 다른 칠천역들은 그래도 긴 소매가 달린 옷을 입고 갓과 망건을 쓰고 다녔지만 유독 우리 백장들만은 그렇게 할 수 없었습니다. 우리들은 모든 사람들에게 멸시당해 왔으며, 관가에서 심부름하는 사람들까지 우리를 업신여기고 가끔 우리의 금품을 노략질해 가기도 합니다. 만약 우리가 금품을 거절하면 큰 벼락이 떨어집니다. 그들은 우리의 뺨을 치고 옷을 찢고 온갖 악담과 욕설을 퍼붓습니다. 이뿐이겠습니까? 그들은 우리를 잡아다가 강제노동을 시키고, 동전 한 푼의 보수는커녕 도리어 구박과 천대가 이만저만이 아닙니다. 그중에도 제일 참기 어려운 일은 삼척동자 아이들까지 우리에게 반말을 쓰는 것이옵니다. 세상 어디서 이런 불쌍하고 가련한 인생들을 찾아 볼 수 있겠습니까? 참으로 우리가 당하는 고초와 슬픔이란 이루 형언할 수 없습니다. 당신의 이 비천한 충복들보다 더 천한 광대들은 그래도 갓을 쓰고 망건도 쓰고, 다른 사람들과 마찬가지로 긴 소매 달린 옷도 입고 다니는데 우리 백장들만이 그렇게 할 수 없으니 어찌 슬프지 않겠습니까? 어찌 뼈에 사무치도록 아프지 않겠습니까? 근자에 들자온즉 나라에서는 사람을 억압하던 종래의 악습을 폐지하고 새 법을 만들어 인민을 보호한다고 하오니 이것은 당신의 비천한 충복들이 주야로 갈망하고 염원하던 일이 아니겠습니까? 그리하여 우리는 마음을 굳세게 먹고 겁 없이 각하의 무릎 아래 꿇어 엎드려 이 법으로 해서 우리 백장들이 해방되었다는 것을 각 지방 관헌들에게 선포하고, 그럼으로써 당신의 비천한 충복들이 갓과 망건을 쓰고 다닐 수 있으며 또한 관가에 붙어 사는 관리들이 금후에는 절대로 우리를 마구 부려먹지 못하게 하여 주시기를 간절히 호소하는 바입니다."

이 호소문에 대한 응답인즉 "이미 포고문을 발표한 바 있으니 금후에는 아무런 걱정이 없을 것이다"라는 것이었습니다.

그 이듬해 3월에 우리는 또 다른 호소문을 올렸습니다.

"다른 천민들은 다 민적에 오르게 되었는데 당신의 비천한 이 충복들만은 인구조사에서 빠졌으니 우리가 갓과 망건을 쓰게 되면 무슨 소용이 있겠습니까? 외모로는 다른 사람들과 똑같이 되었지만 실속은 그렇지 못합니다. 간절히 바라옵기는 우리도 민적에 오를 수 있도록 두루 살펴 주시고, 은혜 나려 주시기를 바라옵니다."

이에 대한 응답인즉 "온 백성이 다 한결같은 나라 백성인데 어찌 너희들의 염원을 거절할 수 있으며, 너희들의 고생을 모른 척 할 수 있겠느냐"라는 것이었습니다.

그러나 우리는 위와 같은 응답을 받은 후에도 강제로 끌려가서 보수도 못 받고 죽을 고생을 하면서 부역을 하였으며, 또 관가의 관리들은 여전히 우리를 괴롭혔으므로 수차 호소문을 올려 나라로부터 고마운 응답을 받았습니다. 그러나 오늘에 이르기까지 우리의 고생이 조금도 감해지지 않은 지방이 많습니다.

군주 폐하께서 수천 명이나 되는 당신의 충복들이 이처럼 비참하게 울부짖고 있다는 사실을 아신다면 분명코 우리를 구해 주셨을 것이며, 또한 우리의 비참한 사정을 폐하 앞에 나아가 낱낱이 알려 드리는 사람이 없기 때문에 더욱 우리는 안타까이 생각하고 있습니다.

위 호소문은 물론 박성춘 등이 정부에 제출한 호소문의 원문은 아니다. 무어가 그것을 요약한 것에 불과하다. 또한 박성춘 등은 호소문을 직접 쓸 만큼 유식한 사람들도 못 되었기 때문에 무어와 그의 어학 선생의 도움으로 호소문을 작성하여 제출하였다. 그러나 내용이나 경위에서는 조금도 차이가 없다.

다시 말해서 백장 해방운동이 성공하였다는 사실만은 확실하다. 그리하여 백장들은 그때 비로소 국민의 자격을 얻게 되었으며, 국민의 한 사람으로서 민적에 오를 뿐만 아니라 다른 사람들처럼 갓도 쓰고 망건도 쓸 수 있게 되었으며, 법률상으로는 동등한 대우를 받게 되었던 것이다. 기록에 의하면, 박성춘은 너무나 기쁜 나머지 서울과 수원까지 전도 구역을 확대한 결과 수백 명의 백장들이 신자가 되었다. 이 백장들은 우선 망건에다 갓을 올려붙이고 긴 소매가 달린 도포를 입고 의기양양하게 거리를 다녔다. 너무나 기쁜 나머지 밤에도 갓을 쓰고 자는 사람까지 있었다고 한다. 더욱이 백장의 우두머리 박성춘은 개선장군이나 된 것처럼 음양립陰陽笠 즉 양반이 아니고서는 절대로 쓸 수 없던 특별한 갓을 쓰고 장안 네거리와 동대문시장 한복판을 활개 치면서 다녔다.

또 하나 놀라운 사실은 독립운동이 민중 투쟁운동으로 전개될 때 박성춘이 주동 인물로 등장했다는 데 있다. 《독립협회연구》의 저자 신용하는 독립협회 운동의 제1기는 고급관료 주도기, 제2기는 민중 진출기,

제3기는 민중 주도기, 제4기는 민중 투쟁기 등 4기로 나누어 설명했는데, 박성춘은 제4기 민중 투쟁기의 주요 인물로 활약했다.

1898년 8월 28일 독립협회는 새 회장으로 윤치호를, 부회장에 이상재를 각각 선출한 뒤 11월 4일 이상재·정교鄭喬 등 17명의 간부들이 구속을 당한 적이 있는데, 그때 박성춘은 66명의 민중 총대위원 또는 대표위원의 한 사람이었다.

이상재 등이 구속되기 수일 전인 10월 29일, 독립협회 간부들과 정부 고관, 각 단체 대표자들이 모인 가운데 종로에서 대규모 관민 공동회 즉 민중대회를 열고 유명한 6개조 결의안을 채택하게 되었는데, 이때 박성춘은 등단하여 다음과 같이 열변을 토하였다.

> 나는 대한의 가장 천한 사람이고, 무지몰각한 사람입니다. 그러나 충군애국의 뜻은 대강 알고 있습니다. 이에 나라를 이롭게 하고 백성을 편하게 하는 길인즉 관민이 합심한 연후에야 가하다고 생각합니다. 저 차일[遮日, 종로 네거리에 쳐 놓았던 천막]에 비유하건대 한 개의 장대로 받친즉 역부족이나 많은 장대를 합한즉 그 힘이 심히 견고합니다. 원컨대 관민이 합심하여 우리 대황제의 성덕에 보답하고 국조[國祚: 국가의 복]로 하여금 만만세를 누리게 합시다.

수천 명이 모인 민중대회에서 가장 천대받던 백장이 개막연설을 했다는 사실부터가 역사적인 사건이지만, 그보다 그의 애국적인 연설로 해서 국정 개혁을 촉구하는 소위 '헌의육조獻議六條'가 채택·상정되었다고 하는 것은 정말 놀라운 사실이 아닐 수 없다. 그의 연설 요지는 당시 독립협회의 사법위원이며 평의원이던 정교가 그의 저서 《대한계년사大韓季年史》에 수록한 것이다.

박성춘은 1894년에 기독교 신자가 된 후로 17년이 지난 1911년에는 그 교회의 초대 장로로 피택되어 안수를 받게 되었다. 그때 그는 약 50세였다.

한편 그의 아들 박서양은 신학문을 누구보다도 제일 먼저 받는 행운아가 되었다. 그는 곤당골교회 예수학당을 나온 뒤 1898년에는 경서학당이라는 당시 일류 학교를 우등생으로 졸업하였으며, 1899년에는 제중원 의학교 즉 오늘의 연세대학교 의과대학에 입학하여 1908년 제1회 졸업생 중 한 사람이 되었다. 졸업 후 그는 한국 최초의 외과의와 화학 선생으로 오성, 중앙, 휘문, 황성기독교청년회 학관 등 신교육 기관에서 화학과 생물학을 강의했다.

그러나 박서양은 백장의 자식이라는 오명을 벗지 못하여 학생들에게까지 멸시당했는데, 그럴 때마다 그는 책상을 치면서 "야 이놈들아, 내 속에 있는 백 년 묵은 백장의 피만 보고, 과학의 피를 왜 보지 못하느냐? 너희들은 이 피를 멸시하면 망한다"고 외쳤다. 그는 또한 성악과 오르간, 첼로의 명수이기도 했다.

그러나 아깝게도 박서양은 1910년 한일합방 뒤, 일본인들의 학정을 참기 어려웠고, 또한 백장에 대한 사회적 멸시 현상이 조금도 누그러지지 않는 데 대한 불만으로 1914년경 고국을 등지고 멀리 북간도 국자가局子街로 건너갔다. 거기서 그는 병원을 차리는 동시에 숭신학교를 세워

육영 사업에 종사했다. 그와 함께 간 아버지 박성춘이 1916년경 그곳에서 세상을 뜨자, 그는 다시 한국으로 돌아와 강원도와 황해도 등지를 떠돌며 방랑하다가 1935년경에 작고했다.

진정한 민중신학의 뿌리

무어는 1904년 곤당골교회가 인사동 승동교회로 옮겨 갈 때까지 줄곧 이 교회를 섬겼다. 그뿐만 아니라, 그의 전도 구역은 멀리 황해도 배천까지 확대되었다. 이에 대하여 로데스H. A. Rhodes는 이렇게 말했다.

> 무어와 그의 한국인 동역자들은 한강 유역에서 전도를 계속했다. 어떤 때는 '기쁜 소식'이란 이름의 자가용 배 한 척을 타고 다니며 전도를 하기도 했다. 전도를 시작한 지 3년 안에 25개 처에 신자가 생겼다. 그중 황해도 배천에는 신자들이 자력으로 큰 기와집을 사서 훌륭한 예배당을 세우게 되었다. 이들 신자들은 천주교와 불신자들의 많은 박해를 받았다. 그러나 교세는 날로 왕성하여 교인이 850명으로 늘어나게 되었으며, 1년 동안에 무어는 성인 100명에게 세례를 주었다. 서울 서대문 밖 동막교회와 대현교회도 무어가 세운 교회다.

무어는 신학교 교수이기도 했다. 평양에 있던 장로교신학교 교수였던 그는 1학년 학생들에게는 창세기를 가르쳤고, 2학년 학생들에게는 민수기와 열왕기를, 3학년 학생들에게는 영국 역사를 가르쳤다.

그러다가 그는 반정부적인 발언을 하지 않을 수 없었다고 고백했다. 이에 대한 그의 글이 1907년 4월호 〈코리아 미션 필드 The Korea Mission Field〉에 '창세기와 영국 역사'라는 제목으로 발표되었는데, 그는 영국의 의회주의 정치제도를 강의할 때에는 한국인들에게 위험 사상을 불어넣지 않을 수 없었다는 것, 50명의 학생들에게 자유사상을 고취하고 또 그들로 하여금 다른 사람들에게 자유사상을 고취케 하고, 또한 해마다 이런 강의를 계속하면 장차 좋은 결과가 나올 것이라는 확신을 갖게 되었다는 점 등을 썼다. 이 글은 그가 작고한 뒤 〈코리아 미션 필드〉의 편집자에 의하여 발표되었다.

이런 일로 그는 동료 선교사들에게 따돌림을 받기도 했다. 그래서 그는 몹시 고독했다. 아울러 한국인 양반들에게도 미움을 받았다. 그러나 그는 자기 동료 선교사들이나 양반들에게 조금도 불평을 하거나 싸우고 반항한 흔적이 보이지 않는다. 그는 어디까지나 겸손한 종의 모습으로 묵묵히 그러나 용감하게 자신의 사명을 다했을 뿐이다. 그는 병들고 가난하고 억눌림을 받는 사람들과 가까이 지내다가 장티푸스에 걸려 1906년 12월 22일 제중원에서 고요히 마지막 숨을 거두었다. 그의 한국어 비문에도 잘 반영되어 있듯이 세상의 영광을 추호도 바라지 않고 다만 행한 대로 상 주시는 하나님만을 믿으며 성실히 또 양심대로 살다 죽었다.

그런데 오늘날 우리의 소위 민중신학자들은 다른 나라 해방신학은 곧잘 알면서도 우리나라 민중신학의 뿌리는 통 모르고 있으니 안타깝다. 또한 일반 신학도들 중에는 무어와 같은 선교사가 있었다는 것은 모르고 외국 선교사라면 다짜고짜로 배척하고 선교사들의 업적을 높이 평가하는 사람들에 대해 식민사관·선교사관 운운하면서 경시하는 것을 볼 때 참말로 딱하기만 하다.

7 민족운동의 동역자
벙커

D. A. Bunker

초빙 교사로 부임하다

우리나라 이름으로 방거房巨라고 불리던 D. A. 벙커는 1853년 미국에서 출생하여, 1883년 오벌린 대학을 졸업한 뒤 유니온 신학교에서 신학을 전공했다.

벙커는 처음에 우리나라의 초빙 교사로 발탁되어 왔다. 조선 왕실은 1882년 조미조약朝美條約이 체결된 후 갑자기 대두되는 근대 교육의 요청에 부응하기 위하여 미국에서 교사를 초빙하기로 했던 것이다. 이 사실에 대하여 역사가 이광린의 말을 인용해 보자.

> 왕은 젊은 교사 세 사람을 미국에서 구하여 주기를 미국 공사에게 청하매, 1884년 9월 10일부로 푸트 공사는 본국 국무장관에게 이 사실을 통고함과 아울러 그 인선을 의뢰하게 되었다. ……보빙사報聘使 민영익

이 워싱턴에 갔을 때 교육국으로 그를 방문하여 여러 가지 의견을 교환한 바 있고, 한편 그는 미국의 교육 제도에 관한 자료를 입수코자 하는 민영익에게 《교육국 역사》와 《연보》를 기증한 일이 있다. 이제 한국에서 교사를 보내 줄 것을 청하매 그는 즉각적으로 행동을 개시하였다. 외국에 파송될 교사는 신앙이 두터운 신학생이 적당하리라 생각하고 외국 선교부 직원과 협의 끝에 뉴욕 시에 있는 유니온 신학교에서 구하게 되었다.

그렇게 발탁되어 오게 된 세 명의 교사가 벙커, 헐버트, 길모어G. W. Gilmor이다. 이들은 모두 미국의 일류 대학을 졸업하고 신학을 전공한 유능한 청년들로, 길모어는 1883년 프린스톤 대학을 졸업하고 벙커는 1883년 오벌린 대학을 졸업한 뒤 모두가 유니온 신학교에 들어가 당시 졸업반에 있었으며, 헐버트는 1884년 다트마운트 대학을 졸업하고 유니온 신학교 2학년에 재학 중이었다.

그들은 1884년 말이나 1885년 초에 떠나고자 준비하고 있었으나 조선에서 갑신정변이 일어나 부득이 중지하지 않으면 안 되었다. 이후 1886년 5월초 미 국무성에 소집되었고, 태평양을 건너 7월 4일 우리나라에 도착하였다. 조선의 첫인상은 매우 낯설고 신기하였으나, 얼마 있지 않아 기후와 생활에 익숙하게 되었다. 그들이 서울에 도착하였을 때에는 사택이 준비되어 있었고, 학교 건물 등도 세워지고 있어 모든 것이 희망에 넘쳐 있었다.

벙커가 가르치던 '육영공원'은 우리나라 역사상 최초의 관립 근대 교육 기관이다. 1886년부터 1896년 육영공원이 폐교될 때까지 벙커는 그 곳에서 9년간 영어 교사로 지냈다. 그 뒤 감리교선교부의 요청에 따라 배재학당 교사가 되면서 그 학당의 학감이 되었다. 학감으로 있을 때, 그는 종래의 암기식·주입식 교육방법을 폐지하고 공개식 고시 방법으로 새 교육을 실시하는 동시에 고대사, 물리학, 화학, 수학, 정치학 등 새 교육 과정을 많이 도입하였다. 더욱이 정부 당국은 육영공원이 폐교되기 1년 전인 1895년부터 2백여 명의 의탁생을 배재학당에 의뢰해 오기 시작했는데, 벙커는 배재학당에 적을 옮긴 후에도 많은 정부 의탁생을 가르치게 되었다.

엘러즈의 명성황후 진찰기

벙커는 우리나라에 도착한 다음 해인 1887년 애니 엘러즈Annie Ellers와 결혼하였다. 엘러즈는 1886년에 광혜원 의사로 오게 되었는데 얼마 뒤 명성황후가 자신의 시의로 채용하였다.

그녀는 시의로 채용되기 이전부터 광혜원의 원장인 동시에 고종의 시의로 있던 알렌을 따라 가끔 궁중에 들어갔었다.

1896년 가을, 알렌이 고종의 시의가 된 지 1년 반이고, 엘러즈가 입국한 지는 불과 몇 달 안 되었을 때였다. 하루는 대궐에서 황후께서 탈이 났으니 약을 지어 보내라는 기별이 왔다. 알렌은 증세를 물은 다음 짐작해서 약을 지어 보냈다. 며칠 뒤 조금도 차도가 없으니 다른 약을 지어 보내라는 기별이 왔다. 그래서 또 병세를 들은 뒤 다른 처방으로 약

벙커 부인 엘러즈
1886년 광혜원에 의사로 온 엘러즈는 다음 해인 1887년 벙커와 결혼하였다.

한성감옥서 앞에서
(왼편부터) 이상재, 김정식, 이승만, 유성준, 이원긍, 이승인 등이다. 김정식이 성경책으로 보이는 서책을 들고 있다.

을 지어 보냈다. 그러나 또 며칠 뒤에 이번에는 내시가 와서 "약효가 전혀 없으니 다른 방도가 없느냐?" 하고 다그쳤다. 그래서 알렌 의사는 용기를 내어 "직접 진찰하기 전에는 약효를 낼 수 없은즉, 신臣 대신 여의사를 들여보냄을 허락하옵소서" 하면서 엘러즈를 소개했다. 왜냐하면 당시에 알렌은 고종 황제를 직접 진찰하고 치료한 적은 있으나 황후 민 씨의 가슴에다 청진기를 댈 수는 없었기 때문이다.

그리하여 엘러즈는 궁중에 들어가 황후 민씨를 처음으로 진찰하게 되었다. 그리고 엘러즈는 그 최초의 진찰기를 지상에 발표했다. 그 일부를 소개하면 다음과 같다.

맑게 갠 가을 청명한 날씨였다. 오정午正을 조금 넘어서 우리 일행은 궁궐을 향해 떠났다. 호위병들이 앞장서서 길을 열어 주고 우리를 태운 사인교는 그 뒤를 따랐다. 사인교는 몹시 흔들렸기 때문에 현기증이 나고 가슴이 울렁거렸다. 황후 폐하 앞에서 또 가슴이 울렁거리면 어쩌나 무척 걱정되었다. 대궐 앞의 큰 대문敦化門 앞에 당도하자 우리 일행은 사인교에서 내려 한참 걸어서 어떤 응접실 같은 데로 안내되었다. 그곳에 가 보니 전부터 안면이 있는 민영익 공이 우리를 맞아 주었다. 민 공은 외국에 가 본 일이 있고 외국 풍속을 조금 아는 분이었다. 그는 우리에게 내원을 몇 곳 구경 시키고 다시 연못가를 산책 시킨 다음 귀빈실에 들어가 서양 음식과 조선 과일을 권했다. 조금 기다리고 있으니 관복차림의 양반 하나가 나타나 우리를 내실로 인도했다. 우리는 먼저 넓은 내원을 지나 큰 전당 안으로 인도되었다. 그 전당 속에 들어가니 한쪽에는 각색 화초가 만발하고 다른 한쪽에는 많은 사람이 차려 자세로 서 있었다. 우리는 머리를 수그리고 조심조심 걸어 들어가 세 번 큰절을 했다. 그리고 눈을 떠 보니 그 많던 사람들이 어딘가로 다 사라져 버리고 우리만이 한 귀부인 앞에 서 있다는 것을 알게 되었다. 그 귀부인이 다름 아닌 황후였다. ……금은 보석으로 수놓은 화려한 비단옷을 입으시고 키는 그리 크지 않은데 백옥 같은 살결에 머루 같은 검은 머리가 제일 먼저 눈에 띄었다. 황후가 우리를 반가이 맞아 주는 것이었다. 황후께서는 머리치장을 별로 하지 않으시고 그 검은 머리를 어깨까지 내려 드리우시고 앞이마에는 유난히도 빛나는 훈장 같은 것이 달려 있었다. 다른 귀부인들도 이런 것을 앞이마에 달고 있는 것을 보았지만 황후의 그것은 그 모양이나 질이 월등 차이가 있어 보였다. 황후의 얼굴은 정말 아름다웠다. 더욱이 황후께서 웃으실 적에는 절세미인이었다. 또 황후께서는 능숙한 외교 수완과 예리한 성격의 소유자임을 보여 주었고, 그러나 부드럽고 다정한 인간미가 있어 보였다. 우리는 황후 폐하의 그 부드러운 태도와 융숭한 대접을 그 뒤에도 항상 받아 왔기 때문에 최대의 존경과 감격을 금할 수 없다. 황후께서는 먼저 나에게 잘 지내느냐 물어보시고 나이가 몇이며, 부모가 다 생존해 계시냐 따위를 물으신 다음 내가 조선에 와 있다는 말을 알렌 의사를 통해 벌써 듣고 있었다고 했다. 그리고 내가 조선에 와 있다는 소식을 처음 들었을 때는 무척 반가웠다는 것과, 고국을 떠나 타국에 와 있지만 이 나라에 정을 붙이고 오래 있어 주기를 바란다고 말씀하셨다. 이 모든 대화는 통역을 가운데 놓고 진행되었다. 그러나 그 통역은 볼 수가 없었다. 통역은 가까이에 있지 않고 병풍 뒤 안 보이는 데 허리를 구부리고 서서 말만 전해 준다는 것이었다. 옆에 서 있던 민영익 공은 내게 서양식 의자 하나를 갖다 주었다. 그때야 나는 황후께서도 서양식 고급 의자에 앉아 계시다는 것을 알았다. 황후께서 나를 의자에 앉으라고 하시므로 곧 앉아서 진찰을 시작하였다.

어떤 두 분 어른이 황후 옆에 서 계시는 것을 보았다. 나는 황후의 진찰을 마친 다음 그 앞을 떠나기 전에 다시 세 번 큰절을 했다. 그때 그 옆에 서 있던 두 사람도 황후와 같이 나의 큰절을 받아 주었다.

민영익 공은 나를 귀빈실로 데리고 나왔다. 거기서 나는 알렌 의사가 고종 황제를 배알하고 나오는 것을 기다리고 있었다. 잠시 후 알렌 의사가 나왔다. 그는 나에게 황후 옆에 서 계시던 두 어른이 누군지 알았느냐고 물었다. 모른다고 했더니 그 어른이 바로 고종 황제와 왕세자라는 것이었다.

나는 그 말을 듣고 깜짝 놀랐다. 그리고 나는 그분들이 누군지를 몰랐던 것을 도리어 다행으로 생각했다. 왜냐하면, 만약 알았다면 벌벌 떨면서 진찰도 바로 못하였을 것이기 때문이다.

우리는 다시금 맛있는 과일과 음식으로 대접을 받은 다음 호위병들의 호위를 받으면서 귀로에 올랐다. 그때는 벌써 날이 저물어 호위병들이 초롱을 들고 캄캄한 거리를 달려야만 했다. 병사들의 고함소리에 놀라 장안 사람들은 가가호호 대문을 열고 구경하러 나왔다. 텅 빈 밤거리 양쪽에는 낮은 집들이 즐비해 있고, 그 속을 초롱 든 병사와 교군꾼가마를 메는 사람들이 우리를 메고 고함치며 달리는 것이었다. 그들은 총과

검으로 무장된 병사들이었다.

최근에 와서는 우리가 황후를 진찰하러 입궐할 때는 돈화문을 막 들어가서 귀빈실까지 직통하는 특권을 가지게 되었다. 그리고 귀빈실에 들어가면 과일과 차를 마시고 있다가 황후가 부르면 곧 내실로 들어갈 수 있게 되었다. 내실에는 언제나 임금님과 왕세자께서 같이 계셨다.

진찰을 다 마친 다음에는 복잡한 절차를 밟지 않고 곧장 집으로 돌아올 수 있게 되었다.

위 진찰기는 1895년 명성황후가 암살된 뒤 지상에 발표되었다. 그러나 황후를 처음 진찰한 것은 그로부터 9년 전인 1886년에 있었던 일인데 어째서 이처럼 늦게야 발표되었을까? 그 이유는 첫째로 당시 왕비의 몸에다 손을 대고 진맥도 못 하던 때에 왕비의 가슴을 헤치고 진찰한다는 것은 도저히 있을 수 없었기 때문이며, 둘째로는 황후 민씨가 일본인들에게 시해당하자 애도의 정을 표하기 위한 것임에 분명하다.

벙커 부인은 과거 명성황후의 시의였다는 인연으로 누구보다도 그의 죽음을 슬퍼했으며, 고종 황제의 신변 보호를 위하여 사력을 다했다.

민권운동에 참여하다

벙커 부부 내외는 파란 많은 우리나라의 역사 속에서 살아온 선교사들 중 대표적인 사람들이다. 1894-1895년의 동학농민운동, 청일전쟁, 명성황후 시해, 고종의 아관파천 등 이루 다 헤아리기 어려운 한민족의 고난상을 목격해 왔다. 그리고 1896년의 독립협회운동, 독립문 건립, 순 한글로 된 〈독립신문〉 창간 등 근대식 민권운동도 직접 목격했다. 아니, 단순 목격자가 아니라 그 민권운동의 동역자이며 후원자이기도 했다.

그 운동의 주역을 맡았던 서재필, 윤치호 등은 모두 벙커와 동지이고, 배재학당 강사들이었으며, 그 학당 학생들의 지도자들이었다. 그런데 사랑하는 제자들이 학생운동을 하다가 체포되어 감옥에 수감되었다. 한편 독립협회는 강제로 해산되는 동시에 그 주동 인물들은 일망타진되어 감옥에 수감되었다. 이상재, 홍정후, 남궁 억, 정교 등 독립협회 지도자들과 이승만, 양홍묵, 신흥우 등 제자들도 만민공동회 운동을 하다가 모조리 수감되었다. 그리하여 당시 한성감옥서漢城監獄署는 그의 친지들로 만원이 되었다.

벙커는 감옥 안의 참상을 보고만 있을 수 없어 행동을 개시했다. 그는 동료 선교사들과 힘을 합하여 행동을 개시했다. 우선 정부 당국에 죄수들의 처우 개선, 야만적인 고문 제도 폐지, 자주 방문하여 음식이나 의복을 차입할 수 있는 자유, 독서의 자유 등을 건의했다. 이것은 외국 선진국가에서는 어디서나 시행되는 제도로, 한국 정부도 이 제도를 도입해야 된다는 것을 강력하게 건의했다.

그리하여 벙커는 정부의 특별 허가를 받아 감옥에 무상출입하면서 차입도 하고 위로도 하고 예배도 드려 주었다. 누구보다도 벙커는 가장 열성적으로, 가장 빈번하게 이를 계속 추진했다. 그 결과 이상재·이원긍·김정식·유성준·안국선 등이 감옥 안에서 예수를 믿기 시작했다.

이에 대하여 역사가 이능화는 《조선 기독교급외교사》에서 '지옥과 천당'이란 제목으로 다음과 같이 썼다.

> 三個星霜 鐵窒生活에 幽鬱慘憺하야 苦惱畢備러니 幸而獄法에 許看宗敎書籍하고 亦許洋人入獄布敎라 時米國人宣敎師房巨氏(A. D. Bunker) 入獄傳道矣라 於是에 同監諸公이 相與硏究新約全書하야 誓心決志하야 領洗守戒하니 是爲官紳社會信敎之始라.
> [3년간의 감옥생활 중 고독하고 울적한 마음 이를 데 없었는데, 다행하게도 새로운 법이 생겨서 감옥 안에서도 종교 서적을 읽을 수 있게 되었고, 또 서양 사람들이 감옥 안에 들어와서 전도하는 것이 허락되었다. 그때 마침 A. D. 벙커가 감옥 안에 들어와 전도를 했다. 이에 옥중에 있는 여러 사람이 서양의 경서를 서로 읽고 연구하여 신자가 되기를 결심했다. 이것이 곧 우리나라 역사상 고관 출신의 양반과 선비들이 기독교 신자가 된 최초의 역사이다.]

여기서 알 수 있는 것은 이상재 등 전직 고관들과 지성인들이 벙커의 전도로 예수교 신자가 되었다는 점이다. 그리고 또 하나, 이승만의 유명한 저서 《독립정신》 역시 이 감옥 안에서 쓰였다. 또한 그들의 감화로 감옥 안에 학교가 개설되었다. 이에 대하여 당시 감옥수였던 신흥우의 부친 신면휴가 쓴 《옥중개학전말獄中開學顚末》 중의 일절을 소개한다.

> 옥중에 학교가 설립되었다는 것은 옛날에도 없는 일이다. 죄를 범하고 오랫동안 갇혀 있을 때에 울적함을 견디기가 어려워 책이나 읽는 것으

로 세월을 보내는 수가 있었다. ……그런데 내 아들 홍우가 잘못하여 남에게 시기와 미움을 받아 혐의를 입어서 한 번 옥에 갇히자 몇 해가 되도록 풀려 나오지 못하고 미결수로 있어서 마땅히 징역을 치를 것이지만 감옥서 관리들이 그 약한 몸에 병들어 있음을 가엾게 여겨서인지 좀 편안하게 지내도록 해 주기 위하여 제 힘에 겨운 일을 시키지 아니하고 다른 죄수들과 같이 책을 읽게 하고 글도 쓰게 하였던 것이다…….

본 감옥 서장 김영선 씨가 그들이 배움에 힘쓰는 것을 가상히 여겨 특별히 긍휼을 베풀었으니, ……동료 관리끼리 의논을 거듭한 끝에 옥중에 학교를 세우게 하고, ……며칠 전에는 외국 사람들이 옥중에 학교가 설립되었다는 소문을 듣고 기뻐하면서 서양의 개명한 나라에도 그러한 일이 없다고 하면서 서적과 식품을 많이 가지고 들어가서 여러 학생들을 모아 놓고 일장 연설을 하고 갔느니…….

이 일은 1902년부터 1904년 사이에 있었다. 그때 벙커는 배재학당의 제3대 교장이었다.

이보다 앞서 그는 한국 교회 연합운동에도 크게 공헌했다. 1905년 국내의 선교사 약 150명이 모여 '재한 복음주의 선교단체 통합공의회'라는 것을 조직하여 '하나의 한국 교회'를 지향하는 역사적인 운동을 전개한 바 있는데, 그때 벙커는 그 통합공의회의 서기 겸 회계를 맡고 있었다. 그는 교회 연합운동이라면 언제나 앞장서서 힘을 다했다.

배재학당의 교장으로 취임한 뒤 1912년 신흥우에게 교장 자리를 넘

벙커 부부의 묘비
'Until the day dawn, the shadows flee away 날이 개이고 흑암이 물러갈 때까지'라고 쓰인 묘비명이 의미심장하다.

겨주기까지 벙커는 6년간 열성을 다해 봉직했다. 이 6년간은 한국이 완전히 국권을 빼앗기는 기간으로, 학교 운영이 가장 곤란한 시기였다. 그러나 벙커는 조금도 낙심하지 않고 많은 인재를 길러 냈다.

그 뒤 벙커는 감리교선교부 소속 선교사로서 만년을 조용히 전도와 교육 사업에 종사하다가 1926년 7월 4일 75세의 노령으로 은퇴했다. 미국으로 돌아갔다가 1930년 한국을 잠시 방문했으나 80세 때인 1932년 11월 26일 캘리포니아 주 샌디에이고 시에서 별세했다.

그러나 마지막 숨을 거두는 순간 "나의 유골이나마 한국 땅에 묻어 달라"고 유언을 남겼기 때문에 그의 부인이 남편의 유골을 가슴에 안고 한국으로 왔다. 그리하여 1933년 4월 8일 정동교회에서 고별예배를 드리고 양화진 외인묘지에 고이 모셨다. 그 뒤 부인이 세상을 떠나 합장하였는데 벙커 부부가 합장된 묘비에는 "날이 새고 흑암이 물러갈 때까지"라는 의미심장한 묘비명이 새겨져 있다.

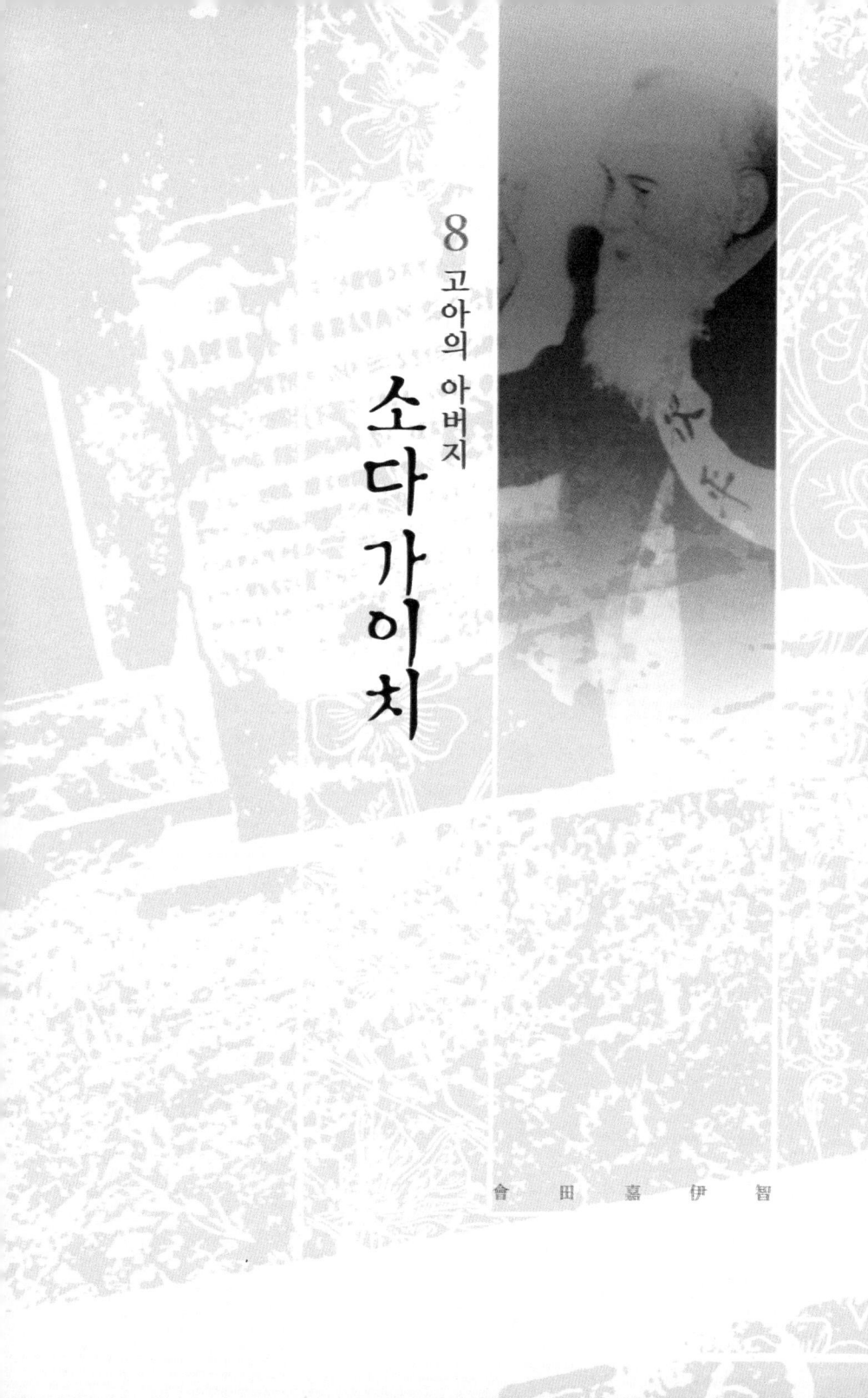

8 고아의 아버지

소다 가이치

會田嘉伊智

중국과 대만을 거쳐 한국에 오다

일본인으로서는 처음으로 우리 정부의 문화훈장을 받은 사람, 무조건 일본이라면 적대시하던 일제 강점기에도 한국 고아의 아버지로 존경받던 일본인 한 사람이 양화진에 묻혀 있다. 이름은 소다 가이치曾田嘉伊智. 소다 옹은 양화진 외국인선교사묘지에 묻혀 있는 유일한 일본인이다.

소다 옹은 1905년부터 1945년 8·15 해방까지 40년간, 그리고 1961년부터 1962년까지 1년간 모두 합해서 41년간 한국 땅에서 살았다. 그동안 그는 오로지 한국 고아들의 행복을 위해 헌신함으로써 모든 국민의 존경을 받았으며, 그리하여 한일 국교 정상화가 되기도 전에 특별히 허락을 받아 한국에 와서 이 땅에 묻힐 수 있었다.

소다 가이찌는 1867년 10월 20일 일본 야마구치 현山口縣 소네무라스

미다曾根村隅田 마을에서 태어났다. 어려서는 오카야마岡山 시에 있는 서당에서 한학을 공부했다. 훗날 한시를 잘 지은 것을 보면 한학을 본격적으로 배운 듯싶다.

21세 때부터는 고향을 떠나 방랑생활을 했다. 당시 똑똑한 개화 청년들 중에는 서양문화의 창구 구실을 하고 있던 나가사키長崎 시로 가는 이들이 많았다. 소다도 나가사키로 갔다. 우선 그는 학자금을 마련하기 위하여 어느 탄광의 광부가 되었다. 그러면서 고학을 해서 초등학교 교원 노릇을 했다.

1893년 25세 때 소다는 노르웨이 화물선의 선원이 되어 홍콩으로 갔다. 거기서 그는 영어를 열심히 배웠다. 1896년 28세 때는 청·일전쟁으로 인해, 일본 식민지가 된 대만으로 가게 되었다. 거기서 소다는 독일 사람이 경영하는 어느 공장의 사무원 겸 통역으로 일했다. 그때 독일어도 공부해서 훗날 독일어 서적도 볼 수 있게 되었다.

잠시 중국 본토에 가서 해군에 종사하고, 중국 혁명의 아버지라 불리는 쑨원孫文을 만나 혁명운동에 가담하기도 했다. 그러나 다시 대만으로 돌아가서 방랑생활을 계속했는데, 한때는 대만 산악지대를 방랑하다가 죽을 고비를 여러 번 넘기기도 했다.

1899년 31세 때, 여전히 대만의 어느 거리를 방랑하다가 노상에서 쓰러지고 말았다. 너무 술에 취한 탓이었다. 완전히 의식을 잃고 거의 죽게 되었지만 그를 거들떠보는 사람 하나 없었다. 그때였다. 이름을 알 수 없는 한국인 한 명이 지나가다가 그를 불쌍히 여겨, 업고 여관으로 데려갔다. 치료를 해 주고 밥값도 대신 치러 주었다. 그 사람 덕분에 소다는 죽음을 면하게 되었다.

그로부터 약 6년 뒤 소다 가이찌는 한국으로 넘어왔다. 때는 1905년 6월, 자기 생명을 구해 준 은인의 나라에 가서 은혜를 보답하리라 결심했기 때문이다. 우선 그는 서울에 정착하여 오늘날 서울 YMCA의 전신인 황성기독교청년회 학관에 일본어 선생으로 취직했다. 당시는 러·일전쟁이 끝난 직후여서, YMCA에 일본어 선생이 한 명 필요하던 터였다.

때마침 독립협회 사건으로 다년간 수감되었던 이상재, 이승만, 김정식, 홍재기, 유성준 등의 애국지사들이 풀려나와 YMCA 운동에 가담하게 되었으며, 지방으로 좌천되었던 윤치호, 미국으로 유학 갔던 김규식 등도 YMCA에 모여들었다.

한편 우리나라에는 대부흥운동이 일어났다. 함경남도 원산에서 일어난 부흥운동은 평안북도 평양을 거쳐 전국으로 번지게 되었다. 아울러 1905년 을사늑약 때문에 한국 땅은 온통 울음바다가 되었다.

이러한 우리 민족의 정신적·정치적 격동기 속에서 큰 변화를 체험한 소다는 1906년 기독교 신자가 되기로 결심했다. 감옥에서 예수를 믿고 풀려 나온 월남 이상재 선생에게 크게 감화를 받고 일평생 월남 선생을 스승으로 모시기로 마음먹었기 때문이다.

또 하나의 큰 동기는 독실한 기독교 신자인 우에노 다키라는 여성을 알게 되어 1908년, 그녀와 결혼한 데 있다. 30세의 노처녀 우에노와 41세의 노총각 소다는 굳게 맹세하고 결혼식을 올렸다. 우에노 다키는 본래 독실한 기독교 가정에서 태어나 18세 때 일본 나가사키에 있는 기독교 학교를 졸업하고 즉시 한국에 와서 히노데 소학교 교사로 있다가 숙명여학교와 이화여학교의 영어 교사로 지냈던 여성이다.

우에노 다키를 만나게 된 다음부터 소다는 새사람이 되기 시작했다. 우선 그는 지독한 음주벽을 완전히 청산하고 금주회 회장까지 되었다. 소다는 입버릇처럼 "나는 젊을 때 대주가였으며, 혈기왕성하여 난폭한 짓을 많이 하는 불량배였다"라고 했는데 사실 그는 술 때문에 여러 번 죽을 뻔했고, 우리나라에 오게 된 동기도 따지고 보면 술 때문이었다. 그러던 사람이 좋은 배우자를 만나고 YMCA 일본어 교사로 있는 동안, 종교 집회에 자주 참석하면서 큰 감동을 받았던 것이다.

당시 YMCA는 국내의 명사를 초청해서 강연회와 토론회 등을 많이 열었고, 국내의 유명한 목사, 부흥사를 초청해서 사경회·부흥회 등도 자주 열었다. 특히 한국 교회가 대부흥운동을 일으킬 무렵, YMCA 종교부 총무로 있던 월남 이상재 선생은 '백만명구령운동'의 일환으로 '동포여, 경성(警醒)하라'라는 전단을 뿌리면서 전도운동을 했는데 소다는 이 운동에도 직접 가담하였다.

마침내 소다는 YMCA 학관 일어 선생을 그만두고 일본인 경성감리교회 전도사가 되어 매서인도 겸하면서 복음 전도에 투신하게 되었다.

민족 지사 석방운동을 펴다

소다가 일본인 경성감리교회의 전도사로 활약하던 1910년대는 우리 민족에게는 실로 암흑의 시대였다. 왜냐하면 그때는 데라우치(寺內) 총독의 무단정치가 지배하고 제1차 세계대전이 짓밟던 시대였기 때문

우에노 다지
서른 살 때 마흔한 살의 소다 가이치와 1908년 결혼한 뒤, 평생을 한국의 고아들을 위해 헌신하였다.

이다.

이 기간 중에 소다는 여러 가지 파란을 겪어야 했다. 소다는 초심자의 열심과 양심으로 살았지만 박해도 많이 받고, 오해와 멸시도 많이 받았다.

그 유명한 105인 사건 때의 일이다. 이 사건은 한국 교회와 YMCA 세력을 말살하기 위하여 일제가 꾸며 낸 조작극이다. 즉 1911년 데라우치 총독이 압록강 철교 준공식 참석차 신의주로 가는 도중 한국 교인들이 암살을 음모했다는 구실 아래 6백여 명의 교인들을 체포했다가 그 중 105인을 정식 기소하여 재판에 회부했던 사건이다. 그중 윤치호, 양전백 등 YMCA 지도자들은 10년의 징역을 언도받았으며, 질레트 YMCA 총무는 국외로 추방당했고, 이승만·김규식 등 YMCA 간사들은 해외로 망명을 가야 했다.

이를 본 소다는 참을 수가 없었다. 그리하여 그는 동분서주하면서 석방운동을 벌였다. 그는 1919년 3·1 운동 때에도 맹렬히 석방운동을 전개했다. 당시 33인 민족대표 중에는 YMCA 지도자들이 9명이나 있었다. 그리고 소다가 대스승으로 존경하는 이상재 선생도 투옥이 되자, 이것을 참을 수 없어 소다는 당시 대법원장으로 있던 와다나베 도오루 渡邊暢를 찾아가 석방을 호소했다. 한편 그는 일제의 불의와 만행을 맹렬히 공격했다.

이때 소다를 잘 아는 사람들은 그에게 감사하며 찬사를 아끼지 않았지만 그를 잘 모르는 사람들은 도리어 '간사한 놈', '일본의 스파이'로 몰았다. 한편 총독부 관리들은 소다 가이치를 배신자, 한국인의 앞잡이

등으로 몰아쳤다. 이렇듯 쌍방으로 오해와 멸시를 받는 어려운 상황에서도 소다는 자신의 신앙을 꿋꿋이 지켜 나갔다.

고아의 아버지가 되다

1921년, 소다는 가마쿠라鎌倉 보육원 경성지부장에 정식 취임하게 되었다. 가마쿠라 보육원은 1896년 일본인 사다케 오토지로佐竹音次郎가 세운 것으로, 1913년부터는 자기 고아원 출신 중에 제일 나이가 많은 이를 한국에 파송하여 경성지부[8·15 해방 뒤 창설된 영락보육원의 전신]를 설치한 것인데, 이것을 소다가 인계받게 되었다. 그 뒤 1926년에는 소다 가이치의 부인 우에노 다키도 이화여전과 숙명여학교에서 퇴직하고 보모가 되어, 두 내외가 전심전력으로 고아들을 돌보았다. 1939년에는 총독부로부터 과거 이왕가李王家 소유 대지 1천여 평과 소속 건물을 무상 대여받아 고아원의 면모를 일신시켰다. 이것이 곧 오늘날의 용산구 후암동 370번지의 대지인데, 이에 대한 모든 서류는 대동아전쟁 때 완전 소실되었다.

소다 가이치는 가마쿠라 보육원을 인계받은 뒤부터 8·15 해방까지 천여 명의 고아들을 수용했다. 그 기간 동안의 고생과 역경은 이루 다 형언하기 어려울 정도다. 고아 사업에 종사하는 사람이라면 누구나 당할 수 있는 일이지만 소다 내외가 당한 고생과 역경은 남달리 극심한 것이었다. 1919년 3·1 운동 이후 밀어닥친 경제공황과 생활난은 허다한 기아 현상으로 나타나게 되었다. 소다 내외가 거리에 버려진 갓난아

이를 안고 이 집 저 집 유모를 찾아다니던 일, 그러다가 구박받던 일, 아기가 너무 울어서 밤잠을 자지 못하던 일 등 그 고생은 이루 다 말할 수 없었다. 그때부터 소다 옹은 한국의 '하늘 할아버지', 우에노 여사는 '하늘 할머니'라고 불렸다. 반면 악질 일본인이나 한국인들은 소다 옹을 '거지' 또는 '위장한 자선가' 등으로 비방했다.

중·일전쟁이 한창인 때, 하루는 아침 일찍이 일본 헌병대로부터 출두 명령을 받았다. 소다 옹이 깜짝 놀라 헌병대에 갔더니 다짜고짜로 죄상을 추궁하였다.

"영감이 한국 고아들을 데려다가 항일 교육을 시킨다는 소문을 들었는데, 이제 그것이 사실임이 증명되었소. 영감의 보육원 출신 중에서 후테이센징[不逞鮮人: 일본에 불만을 품고 그 체제를 따르지 않는 불량한 조선인]이 나왔단 말이야! 이것은 영감 책임만으로 간단히 해결될 문제가 아니오. 어디 할 말이 있으면 해 보시오."

헌병대가 체포하여 후데이센징이라고 몰아치는 한국 청년은 가마쿠라 보육원 출신이 분명했으며, 보육원을 나온 뒤 평양의 어느 공장에서 일하는 애국 청년이었다. 그 청년은 성장하여 독립운동 지하조직의 일원이 되었던 것이다.

소다 옹은 그 사실을 알고 놀라 한참 동안 말을 하지 못했다. 그리고 그 청년이 어떤 절도범이나 살인범이 아니고 자기 민족의 독립을 위하여 싸우다가 잡힌 애국 투사임을 알고 도리어 기뻤다. 그러나 소다 옹은 그런 내색은 전혀 하지 않고 용서를 구했다. 모든 것이 자기의 불찰이니 용서하고 그 청년을 석방해 달라고 간청했다.

경제난으로 보육원이 폐원될 위기에 봉착한 때도 있었다. 어느 날 아침 직원 한 명이 보육원 현관에서 큼직한 보따리 하나를 발견했다면서 들고 왔다. 무엇인가 하고 펼쳐 보았더니 훌륭한 옷가지와 시계 등과 함께 현금 천 원이 들어 있었다. 편지도 한 장 끼워져 있었는데, 펼쳐 보니 "소다 선생 내외분이 하시는 일은 정말 하나님의 거룩한 사업인 줄 압니다. 우리나라 동포를 대신하여 감사드립니다. 저는 사정이 있어서 국외로 망명합니다. 그러나 저는 도둑놈은 아닙니다. 안심하세요. 부디 이 물건을 받으시고 불쌍한 고아들을 위해 써 주세요"라고 적혀 있었다.

이름이 적혀 있지 않은 그 편지를 받고 소다 옹 내외는 꿈인지 생시인지 놀라며 하나님께 감격의 기도를 올렸다. 그 보따리 덕분에 고아원은 문을 닫지 않고 계속 운영될 수 있었다.

고국 일본으로 전도여행

고아원 원장과 교회 전도사, 두 가지 일을 병행하던 소다 옹은 원산감리교회에 목사가 없는 것을 걱정하면서 그곳으로 가게 되었다. 그리고 1943년 가을, 원산교회에 무보수 전도사로 취임하였다. 부인은 서울에 남아 가마쿠라 보육원을 운영했기 때문에 77세의 소다 옹은 자취를 하며 목회를 했다.

그리하여 8·15 해방은 원산에서 맞이했다. 소련군이 온 시가를 휩쓸며 일본사람 집이라면 다짜고짜로 습격해 들어가 약탈하고 부녀자를 겁탈했다. 겁에 질린 일본인 교인들은 소다 옹의 보호를 받기 위하여 제 집을 버리고 교회로 몰려들었다. 소다 옹은 그 교인들을 안방에다 숨겨 두고 자기는 현관 입구에서 지키고 있었다. 소련군은 교회까지 습격해 왔지만 소다 옹을 보고서는 더 이상 들어가지 않고 그냥 돌아가곤 했다.

1947년 5월 15일에 이르러 원산에 있던 일본인들은 거의 다 철수했다. 소다 옹은 마지막으로 철수하는 일본인 틈에 끼어 서울에 도착했다. 그렇게 가마쿠라 보육원 원아들과 부인과 재회할 수 있었다. 소다 옹은 한국 국민의 존경을 받고 있었기 때문에 그냥 한국에 눌러앉을 수도 있었지만 불타는 조국애와 전도열로 인해 일본으로 갈 것을 결심했던 것이다. 부인은 서울에 남겨 둔 채!

1947년 10월 13일, 소다 옹은 '神恩主愛以何酬 歲月空過暎白頭 一片 壯心猶未滅 秋風萬里試東遊[하나님과 주님의 은혜 어찌 다 갚으리요. 세월만 허송하여 백발이 성성한데 사나이의 일편장심 아직도 남아 있거늘 어찌하여 나는 동쪽나라(일본)로 여행을 가야 하는가]'라는 한 수를 남겨 두고, 부인 다키와는 ① 우리 부부는 과거와 같이 하나님 은혜를 확신한다. ② 어떠한 재난이 닥쳐오더라도 십자가를 우러러보며 마음의 평화를 간직한다. ③ 하나님의 가호를 빌며 살다가 일후日後 천당에서 만난다는 등 서약을 하고 작별했다.

소다 옹은 서울에서 부산까지 걸어가서 겨우 미군 배를 타고 일본 땅 시모노세키下關에 도착했다. 때는 1947년 11월, 이 순간부터 소다 옹은 세계 평화를 위한 전국 순회여행을 시작했다. 한 손에는 '세계평화' 라는 표어를 들고, 또 한 손에는 성경책을 들고 다니면서 조국의 회개를 부르짖었다.

그러자 신문 기자들은 면담을 요청하고 "반생 동안 한국 고아의 아버지, 한국 영주권을 가진 소다 옹, 조국 전도를 위해 귀국"이란 제호로 기사를 썼다. 기자의 질문에 대하여 소다 옹은 이렇게 답했다.

> 나의 신조는 빌립보서 1장 29절이다. 즉 "여러분은 그리스도를 믿을 특권뿐만 아니라 그분을 위해서 고난까지 당하는 특권, 곧 그리스도를 섬기는 특권을 받았습니다"라는 말씀이다. 지금 한국인들은 광복의 기쁨으로 가득 차 있다. 나는 일·한 친선이 반드시 이루어질 줄로 믿는다. 경성(서울)은 쌀 7작, 외미 1홉 3작, 그 밖의 분유의 배급이 보장되어 온 거리가 활기를 띠고 있다. 경성에는 한국인과 결혼한 일본 여성이 7-8백 명이나 있다. 나는 이승만 씨와 만났을 때 재일 한국인 60만에 관하여 일본인들이 조금 더 올바른 이해가 있기를 바란다는 말을 들었다. 나는 장차 한국인들과 같이 있기를 원한다.

그 뒤 소다 옹은 일본 전국을 도보로 순방하면서 전도를 했다. 원자탄으로 폐허가 된 히로시마를 비롯하여 멀리 규슈九州로부터 홋카이도에 이르기까지 "오 하나님, 인류가 범한 이 죄를 용서하여 주소서"라고 기도했다. 어떤 때는 폐렴에 걸려 죽을 뻔하고, 어떤 때는 도적을 만나고, 어떤 때는 자동차에 치어 구사일생으로 살아나 전국으로 '세계 평화' 행진을 계속했다.

그러다가 1950년 1월 14일, 다키 부인이 별세했다는 전보를 받게 되었다. 그때 부인은 74세, 소다 옹은 85세였다. 부인의 부음을 듣자 그는 슬퍼하기는커녕 도리어 찬송과 감사로 하나님의 가호를 빌었다. 그리고 자기 부인을 세브란스 병원에 입원시켜 준 김명선 박사 등 신앙의 형제들에게 감사를 전했다. 소다 옹은 히브리서 11장 4절의 "그는 믿음으로, 죽은 후에도 여전히 말을 하고 있습니다"라는 말씀을 가지고 "그녀는 훌륭한 신앙을 가지고 봉사의 생애를 마쳤습니다. 그녀는 하늘나라에서, 아니 그녀의 영혼은 늙은 남편과 같이 여행하면서 힘이 되어 줄 것이라 믿습니다. 그녀는 이 늙은이 대신 한국 땅에 묻혔습니다"라고 말했다.

우에노 다끼의 장례는 한국사회사업연합회장으로 엄숙하게 거행되었다.

1960년 1월 1일 일본 아사히신문은 "한국 대통령 이승만의 오랜 친구인 소다 옹이 한국 귀환을 열망한다"라는 기사를 대서특필했다. 이 신문 기사가 나가자 서울에 있는 AP 통신사 기자는 한국 신문에 다시 보도했다. 그 반향은 자못 컸다. 특히 가마쿠라 보육원의 후신인 영락보린원의 원장 한경직 목사는 "소다 옹이 제2의 고향인 한국에 오겠다는 것을 열렬히 지지한다"는 의사를 표명하고 정부와 접촉했다.

드디어 1961년 3월 11일, 한경직 목사는 소다 옹에게 초청장과 재정보증서를 보냈다. 다시 일본 아사히신문은 '소다 옹은 본사의 특별기로 서울행'이란 기사를 쓰게 되었다.

드디어 5월 6일 소다 옹은 오사카 공항을 떠나 서울 김포공항에 도착했다. 그때 소다 옹은 94세의 노인. 김포공항에는 한경직 목사, NCC 한국

기독교교회협의회 총무 길진경 목사, 그리고 서울 YMCA의 옛 친구 이명원 선생, 이인영 선생 등을 비롯하여 김우현 목사, 베이커 협동총무, 그리고 내가 환영을 나갔다. 이어 소다 옹은 영락보린원으로 갔다. 가마쿠라 보육원을 떠난 지 14년 만에 옛집으로 돌아온 것이다.

이때부터 소다 옹은 다시금 고아들을 무릎 위에 앉히고 행복한 사랑을 시작했다. 그러나 서울에 귀환한 지 1년도 안 된 1962년 3월 28일 96세의 나이로 소다 옹은 하나님 나라로 돌아가게 되었다. 우리 정부는 4월 28일 일본인에게는 처음으로 문화훈장을 추서했다.

소다 옹을 추모하며

소다 옹의 장례식은 1962년 4월 2일 시민회관에서 사회장으로 거행되었다. 영락보린원, YMCA를 비롯한 NCC, 한국사회복지사업전국연합회, 대한상공회의소 등 문화 · 종교 · 교육 · 경제 19개 단체에서 공동으로 주최했다. 장지는 물론 양화진 외인묘지. 묘비 글은 주요한이 짓고 글씨는 김기승이 쓰고 묘비 제막식은 4월 4일 거행되었다. 전면에는 '고아의 慈父자부 曾田嘉伊智先生증전가이지선생의 묘'라 했고, 앞면에는 이렇게 적혔다.

소다 선생은 일본사람으로 한국인에게 일생을 바쳤으니 그리스도의 사랑을 몸으로 나타냄이라. 1867년 10월 20일 일본 야마구치 현에서 출생하다. 1913년 서울에서 가마쿠라 보육원을 창설하매 따뜻한 품에 자라난 고아 수천이더라. 1919년 독립운동 시에는 구속된 청년의 구호에 진력하고 그 후 80세까지 전국을 다니며 복음을 전파하다. 종전 후 일본으로 건너가 한국에 대한 국민적 참회를 순회 역설하다. 94세 5월 다시 한국에 돌아와 가마쿠라의 자리에 있는 영락보린원에서 1962년 3월 28일 장서長逝하니 향년 96세라. 동년 4월 2일 한국사회단체연합으로 비를 세우노라. 1950년 1월 부인 다끼 여사도 서울에서 장서하다.

그리고 묘비 옆면에는 주요한이 지은 시 한 수가 새겨져 있다.

언 손 품어 주고
쓰린 마음 만져 주니
일생을 길다 말고
거룩한 길 걸었어라
고향이 따로 있든가
마음 둔 곳이어늘

끝으로, 소다 옹은 한·일 국교 정상화에도 커다란 영향을 끼친 인물이라는 점을 강조하고 싶다. 헤아려 보건대 한일 국교 정상화가 성립되기는 1965년 6월 22일인데 이것은 소다 옹이 서거한 지 3년 2개월 후의 일이다.

소다 옹이 서거하자 추도식이 일본에서도 거행되었다. 서거 1개월 후인 4월 28일 도쿄 아오야마靑山 학원 대학 본부 예배당에서 일본 NCC,

가마쿠라 보육원, 감리교회, 재일 한국 YMCA 등 10여 개 단체 공동 주최로 거행되었다.

한편 한국에서는 1964년 그의 2주기 때 추도식이 거행되었는데, 이때는 아직 한·일 국교가 정상화되지 않았을 때인 만큼 일본인을 정식 초대한다는 것은 여간 어려운 일이 아니었다. 거리에서는 항일 데모가 매일같이 일어나고, 각 신문은 한·일 정상화 반대 기사가 판을 치는 때였다. 그럼에도 추도식은 강행되었다.

추도식은 서울 YMCA 강당에서 거행하기로 되어 있었는데 이 기사가 신문에 보도되자 YMCA 당국에 반대 전화가 오는가 하면 협박장이 사방에서 날아들어 왔다. 그러나 YMCA는 "아무리 일본인이라도 우리 민족에게 은혜를 끼친 사람이라면 보답하는 것이 도리가 아니겠느냐?" 하면서 이를 용감하게 물리쳤다.

일본에서 유족 대표로 소다 옹의 조카들이 오게 되었고, 고향 사람인 보쵸신문防長新聞 사장 후우라布浦芳郎와 아베 신타로安倍晋太郎 내외가 왔다. 아베의 부인은 전前 수상 기시 노부스케岸信介의 딸이다. 기시는 소다 옹의 고향 사람으로, 소다 옹을 매우 존경했을 뿐만 아니라 친한파 정치인이었기 때문에 처음에는 자기가 친히 추도식에 참석할 예정이었다. 그러나 피치 못할 사정이 갑자기 생겨 딸과 사위를 대신 특사로 파송했다.

추도식은 한경직 목사의 사회와 박주병 보건사회부 장관, 윤치영 서울특별시장의 추도사로 엄숙히 거행되었는데, 그 광경은 당시 한·일 간의 험악한 분위기와는 너무나 대조되는 따뜻하고 친밀한 것이었다.

그 뒤 이 추도식에 참석했던 보쵸신문 사장 후우라는 귀국하여 이에 대한 기사와 더불어 한국 방문기를 연재했다. 그 방문기가 그 뒤 내게 보내져 왔는데, 내용을 요약하면 이렇다. 한국인이 일본인을 미워하는 것은 이유 없는 것이 아니라는 것, 무조건 미워하는 게 아니라는 것을 이번 소다 옹에 대한 존경심으로 알 수 있었고, 평화의 사도 소다 옹에 대하여 한국인들이 최대의 존경과 정성을 아끼지 않는 모습을 보고 참으로 감명 깊었다는 것, 일본인은 과거의 죄과를 참회하는 동시에 정당한 한국관을 가지고 하루 빨리 두 나라 국교 정상화를 성공시켜야 한다는 것 등을 역설했다.

그 뒤 얼마 지나지 않아서 한·일 국교 정상화 계약이 체결되었으니, 이것이 어찌 소다 옹의 평화 정신과 관계없는 일이라 할 수 있겠는가?

9 성서번역의 주역
레이놀즈

W. D. Reynolds

성서번역을 위해 준비된 사람

남장로교의 개척 선교자이며 성서번역가·언어학자·신학자·목회자·총회장 등을 역임한 레이놀즈William D. Reynolds는 1867년 12월 11일 미국 버지니아 주 노포크에서 출생하였다. 햄펀시드니 대학을 최우등으로 졸업하고, 남장로교신학교를 졸업했다. 그는 남달리 어학에 재능이 있어 대학 시절 희랍어·라틴어·불어·독어 등에 뛰어났고, 정구·야구·축구 등 운동에도 소질이 있었다.

부인 패시 볼링Patsy Bolling을 만난 것도 대학 시절이다. 볼링은 버지니아 주 개척자 가문의 출신으로 1868년 9월 28일생이다. 그녀는 이때 대학 근처 어느 학교의 교사였다. 음악 애호가이며, 선교에도 남다른 관심을 갖고 있던 볼링과 레이놀즈는 우리나라로 오기 약 6개월 전인 1892년 5월 5일 결혼하였다.

레이놀즈는 외국 선교를 꿈꾸며 시드니 신학교에 입학하여 히브리어·희랍어 등 성서 원어를 열심히 공부했다. 여기서 얻은 원어 실력으로 그는 우리나라에서 성서번역에 큰 공헌을 할 수 있었다.

레이놀즈가 우리나라에 오게 된 경위는 김수진·한인수 공저 《호남편 한국 기독교사》에 잘 나타나 있다. 1891년 언더우드가 7년에 걸친 선교의 피로를 풀 겸 안식년으로 잠시 미국에 귀국했는데, 언더우드가 미국 체류 중에 행한 보고연설에 레이놀즈가 큰 자극을 받게 되었던 것이다.

1891년 10월 테네시 주 내슈빌에서 미국 외지선교 신학교연맹 대회가 열렸다. 이때 언더우드가 보고연설을 했고, 당시 밴더빌트 대학에 재학 중이던 윤치호가 조선에 관한 강연을 하였는데, 레이놀즈는 이때 큰 감격과 자극을 받았다.

이 대회에 같이 참석했던 테이트Lewis B. Tate는 더 이상 참을 수가 없어 남장로교외지선교부 실행위원회를 찾아가 조선 선교를 청원하였다. 그러나 그는 실행위원회로부터 "그런 미개한 나라에는 파송할 만한 인적·물적 자원이 없을 뿐만 아니라 아직 거기에 대한 계획조차 있지 않다"는 거절 회답을 받았다. 거절당했다고 해서 그들의 선교 열정이 당장 식을 리가 없었다. 도리어 그들은 남장로교회와 외지선교부 실행위원들에게 설득전을 계획, 추진하기로 결심했다.

먼저 그들은 언더우드로 하여금 각 교회·신학교·노회 그리고 각종 대회에서 당시 조선의 사정과 선교의 필요성을 자세히 설명해 달라고 부탁했다. 또한 〈선교사 The Missionary〉와 같은 잡지에 "왜 우리는 조선에 가기를 원하는가?"라는 제목으로 글을 썼다. 그중 한 구절을 인용하면 이렇다.

> 지금 조선의 왕은 기독교에 대하여 호의를 갖고 있다. 그곳에는 기독교에 완강하게 반대할 만한 기성 종교가 없다. 이미 선교사들이 더러 있기는 하지만 그 사람들만으로는 급속한 성장 추세에 있는 현 선교 실적을 감당하기 어렵다.

한편 레이놀즈와 전킨William M. Junckin은 매일 시간을 정하여 합심기도회를 열었다. 매일 3시에 기숙사 방문을 걸어 잠그고 마음을 쏟아, 선교의 길을 열어 줄 것을 끈질기게 간구했다. 이때 그들은 적어도 2년 뒤에야 기도의 응답이 있을 줄로 알았다.

그러나 뜻밖에도 기도회를 시작한 지 두 달 만에, 외지선교부 실행위원회로부터 "8월에 떠날 준비를 하라"는 반가운 전보를 받게 되었다.

이렇듯 외지선교부가 급작스럽게 태도를 바꾸게 된 이면에는 두 가지의 기적이 있었다. 하나는 그리스에 파송했던 선교사들이 그 나라 정부의 방해로 철수할 수밖에 없었으며, 또 하나는 언더우드의 친형이며 북장로교전도부 위원이던 존 언더우드가 남장로교전도부가 자금난으로 선교사를 파송하지 못한다는 말에 2천 달러를 남장로교에 헌금했고, 동생 언더우드 역시 개인적으로 5백 달러를 헌금하여 선교비조로 3천 달러가 확보되었기 때문이다.

실로 놀라운 변화였다. 그리하여 마침내 외지선교부 실행위원회는 긴급회의를 열고 최종 결의를 하게 되었다. 결의 내용은 레이놀즈, 테이트, 전킨 등 세 명을 초대 선교사로 선정, 파송한다는 것이었으며, 이것을 곧 공식 발표하였다.

3인의 초대 선교사가 선정됨에 따라 4인의 여성 선교사가 가담하게 되었다. 테이트 목사의 여동생인 매티 테이트, 데이비스, 전킨의 부인 리번, 그리고 레이놀즈의 부인인 볼링이다. 이 초대 선교사들은 흔히 '7인의 선발대'라 불렀는데, 이들은 거의 다 장로들의 자녀로 철저한 개척 선교 정신의 소유자들이었다.

레이놀즈 일행은 1892년 11월 4일 제물포에 상륙하였다. 그리고 그 이듬해인 1893년 1월 28일 서울에서 '장로회선교사공의회The Council of Missions holding the Presbyterian Form of Government'라는, 우리나라 기독교 사상 매우 중대한 조직이 결성되었다. 이 공의회 목적은 "조선에 장로교회 신경信經과 장로회 정치를 사용하는 연합 교회를 설립하고, 치리권은 없으나 교회가 장로회 규칙대로 완전히 성립될 때까지는 전국 교회에 대하여 상회의 구실을 하자"는 것이었다.

이 공의회는 두 가지 중대한 선교정책을 수립하였다. 첫째는 선교 구역의 예양 협정禮讓協定이었다. 이것은 각 선교회가 선교의 중복과 지역의 이중 점거에서 오는 불필요한 경쟁을 피하자는 것이었다. 둘째로는 소위 네비우스 방법을 근간으로 하여 전도 대상을 상류층보다는 서민층 부녀자들과 청소년층에 두는 동시에 성경을 비롯하여 모든 문서사업을 순 한글로 한다는 것이었다.

레이놀즈는 이 역사적인 선교사공의회의 초대 의장으로 당선되었다.

장로회선교사공의회
개혁 신앙과 장로회 정치를 준행하는 하나의 교회를 조직함을 목적으로 하고, 대한예수교 장로회가 조직될 때까지 상회 역할을 수행하였다. 앞줄에 언더우드, 에비슨, 베어드 등이 보인다(1897년 서울).

선교사들의 부인
이들 역시 선교사로서 큰 역할을 담당했다.
(왼편부터) 에비슨 부인, 레이놀즈 부인, 벙커 부인, 헐버트 부인.

성서번역자회
(뒷줄 왼편부터) 문경호, 김명준, 정동명. (앞줄 왼편부터) 레이놀즈, 언더우드, 게일, 존스. 히브리어에 능통했던 레이놀즈는 구약성경 번역 때 주역을 담당했다(1907년).

남장로교는 공의회 결의에 따라 선교 구역으로 전라도와 충청도 지방을 배정받게 되었다. 그리고 레이놀즈는 남장로교선교회를 조직하는 동시에 전주 성문 밖 언덕 위 은송리 마을에 아담한 초가집 한 채를 사들여 선교 본부를 차렸다.

 한편, 레이놀즈는 서울에 머물면서 성서번역에 열중하였다. 그러다가 1896년에 전주로 옮기게 되었다. 앞서 말한 바와 같이 레이놀즈는 남달리 어학에 소질이 있고 학자풍의 선교사였으므로 어학 선생도 학자풍의 사람을 얻고 싶어 했다. 그래서 특별히 선배 언더우드에게 부탁하여 어학 선생으로 맞이하게 된 사람이 바로 추강秋岡 김필수(金弼秀, 1872~1948)이다.

 김필수는 1872년 경기도 안성군에서 부유한 연안 김씨 가문의 독자로 태어나 어릴 때부터 남다른 특대特待를 받으며 한학을 공부했다. 그리고 일찍이 청운의 꿈을 품고 상경하여 과거에 응시코자 했으나, 때마침 일어난 갑신정변의 지도자 박영효의 총애를 받은 관계로 부득이 그와 함께 일본 고베神戶로 망명을 갈 수밖에 없었다.

 일본에서 박영효와 같이 있는 동안 김필수는 기독교에 깊은 관심을 갖게 되었고, 10년 만에 귀국하자 곧 레이놀즈의 어학 선생으로 발탁되었다. 그리하여 레이놀즈를 따라 1896년에 전주 지방으로 내려와 같이 일하기 시작했는데, 그럼으로 해서 그는 1909년 평양신학교 제2회 졸업생이 되는 동시에 1915년 한국인으로서는 최초로 예수교장로회총회장이 되었다.

 말하자면 학자 출신의 두 인물이 상호협력하면서 각자의 꿈을 키워

간 셈이다. 김필수는 1903년 황성기독교청년회가 창설될 때 창설 이사가 되었고, 전라대리위원부全羅代理委員部가 생길 때는 총대가 되었다. 1918년 YMCA 회관에서 장감長監연합협의회가 결성될 때는 그 초대 회장이 되었다.

한편 레이놀즈는 김필수의 학력과 지도력에 힘입어 많은 일을 할 수 있었다. 우선 성서번역의 경우, 번역을 위하여 각 교파 선교사들은 1893년에 상임실행성서위원회를 조직했는데, 이때부터 레이놀즈는 게일과 함께 5명의 전임번역위원 중 한 사람으로 추가되었다. 그래서 레이놀즈는 항상 서울에 와서 살게 되었는데, 그때마다 김필수와 동행하였다.

레이놀즈가 누구보다도 빨리 우리말 문장 실력을 갖출 수 있게 된 이면에는 학자 출신인 김필수가 있었기 때문임을 잊어서는 안 된다. 또한 레이놀즈는 상임실행성서위원회 대변자의 책임을 지고 있던 관계로, 성서번역에 관하여 많은 글을 쓸 수 있었다. 예를 들면, 서상륜 역과 이수정 역은 오역이 많으므로 그것을 수정하는 것보다 새로 번역하는 것이 낫겠다는 것을 결정할 때 쓴 글이 있다. 또한 기독교의 유일신을 번역할 때 히브리어의 '엘로힘'과 희랍어의 '데우스'를 천주교에서는 '천주天主'로 번역했지만 개신교에서 '하나님'으로 결정할 때의 중대사를 전부 그가 도맡아 발표했다. 전자는 1916년 〈코리아 미션 필드〉에 발표했고, 후자는 1896년 〈코리안 레포지토리〉에 발표했다. 특히 1902년 10월부터 1906년 3월까지 약 3년 6개월 간에는 게일, 언더우드, 레이놀즈 등 3명의 성서번역 대표위원들이 555회의 독회를 가지게 되었는데, 그때는 서울에 아주 이주해야 했으며, 1900년 신약성경 번역을 종결짓고 1910년까지 구약성경을 번역할 때는 누구보다도 히브리어에 능통했던 레이놀즈가 주역을 담당했다. 이에 대하여 그는 이렇게 말했다.

> 1896년의 번역위원 6명 중 1906년까지 남아 있는 위원은 언더우드, 게일, 레이놀즈 등 3명뿐이었다. 성공회의 트롤로프 주교는 정식 위원이 아니었으며, 스크랜튼 박사는 미국에 가서 오래 머물러 있는 관계로 번역위원회와의 관계가 끊어졌으며, 존스, 마페트, 하디, 노블, 그리슨 등 모두가 각각 때를 달리하여 위원으로 선출되었으나 자기들의 사업을 포기하고 서울에 올라와 성서번역을 전담할 것을 거부했던 것이다.

두 아들을 양화진에 묻다

레이놀즈의 인간상은 역시 그의 학자다운 풍모와 독실한 신앙 경력에서 찾아볼 수 있을 것이다. 흔히 학자다운 사람은 신앙 면에 조금 부실하거나 지도력이 약한 경우가 많다. 그러나 레이놀즈의 경우는 예외였다. 그는 자신의 어학 실력을 교회 발전에 십분 활용했다. 학교에서 어학을 가르칠 뿐 아니라 어학을 통해 선교 기반을 튼튼히 닦아 놓았다.

레이놀즈는 남장로교 개척선교사로서 우리나라에 오자 곧 성서번역에 착수하여 1900년 신약성경 완역의 중심인물이 되었고, 1910년 구약성경을 완역하는 데는 거의 독보적인 구실을 했다. 그는 1937년에 은퇴하고 귀국했는데, 한국을 떠나기 바로 직전까지 신구약성경 개정판을 내는 데 중추적인 역할을 했다.

그런데 양화진에 묻힌 사람은 레이놀즈가 아니라 아들들인 윌리엄 데이비스와 존 볼링 레이놀즈John B. Reynolds이다. 맏아들 데이비스는 우리나라에서 태어난 1893년 그해에 죽었다. 그러나 둘째 아들 존 볼링은 1894년 9월 20일 서울에서 태어나 1970년 미국 테네시 주 내슈빌에서 작고했다. 미국에서 작고한 사람이 어떻게 한국 땅에 묻혔을까.

둘째 아들 볼링은 선교사가 아니었다. 그도 종교·철학·역사에는 관심이 많았으나 자기 가문의 너무나도 완고한 신앙 전통에 오히려 회의를 느꼈다. 그는 결국 뉴욕 시립대학 수리학과 교수로 일생을 마쳤다. 그렇지만 한국을 무척이나 사랑했던 볼링은 미국은 제2의 고향이고 한국이 제1의 고향이라고 늘 말했다.

볼링은 다재다능한 사람으로 음악 애호가이자 공예가·운동가·여행가이기도 했다. 뿐만 아니라 수필가요 칼럼니스트이기도 했다. 그는 1년에 한 번씩은 반드시 동양 각국을 여행했는데, 그럴 때마다 각국 신문에다 투고를 했다. 〈코리아 타임스〉에도 재미있고도 매서운 수필을 많이 썼다.

그러다가 1970년 75세로 별세했는데, 그의 부인은 자기 남편을 화장해서 그 재를 한국에 묻어 달라고 보내왔다. 그 유해를 받아 양화진에 안장한 보이스사 사장 권명달은 이렇게 회고담을 남겼다.

존 레이놀즈 교수는 저에게 깊은 감명을 준 분입니다. 이분이 끼친 영향은 저의 생애를 살아가는 데 새로운 이정표를 마련해 주었습니다.

레이놀즈 교수는 미국 테네시 주 내슈빌 언덕배기 고급 주택가에 살았습니다. 일상생활에서 얼마나 우리나라를 사랑하고 자신이 태어난 고향을 사랑했느냐 하는 것을 그는 매일의 생활에서 보여 주었습니다. 그는 매일 아침에 일어나면 먼저 피아노 앞에 앉아서 '애국가'를 연주했습니다. 그가 애국가를 특별히 사랑한 이유는 첫째로 자기는 한국 사람이며, 다음은 자기 부인이 안익태 선생과 줄리아드 음악학교에서 함께 공부했기 때문이지요.

그는 미국에서도 항상 김치를 반찬으로 식사했으며, 그가 즐겨하던 술은 정종이었습니다.

서울 거리에 나서면 어릴 때 평양에서 먹던 깨엿을 잊지 못해 깨엿을 사서 봉지에 넣어 호텔로 들어오곤 했습니다.

미국에서 그를 사랑하고, 그가 사랑하던 친구들은 많은 한국인들이었습니다. 해마다 뉴욕이나 워싱턴에서 김성진 박사 등 여러분이 테네시 내슈빌을 찾았답니다.

1969년 제 처가 임신해서 내슈빌에 들렀는데 레이놀즈 교수가 노안에 미소를 머금으면서 "……나 손자 보고 싶어……명년에 다시 와요……" 하며 자상하게 대해 주던 모습이 눈에 아른거립니다. 다음 해 1970년에 그분이 결국 제2의 고향인 미국에서 세상을 떠나셨지요. 그의 부인 마가레트 여사가 그의 유언을 이어받아 레이놀즈 교수의 유해를 한국으로 모셨지요. 저와 제 아내는 상복을 입고 그의 유해를 다시 입관하여 양화진 묘지로 향했습니다. 찰스 피셔 박사님이 오셔서 함께 모든 작업을 할 수 있었습니다.

유해를 소포로 보내왔기에(화장한 재로), 우체국에 가서 찾으려 할 때 무슨 화공약품인가 하여 우체국 직원에게 조사받던 일이 새삼 기억납니다. 양화진 하관식에는 연세대학 언더우드 박사 부부와 그 밖에 여러분이 참석했습니다.

레이놀즈 교수는 한국인 중의 한국인이지요! 한국을 사랑하는 애국자를 사랑했으며, 고 유일한(柳一韓) 씨와 더불어 건설적이고 발전적인 민족과 국가 미래에 관심을 두었습니다. 고인이 된 지금이지만 레이놀즈 선생의 사상과 정신은 지금 저의 맥박에 흐르고 있습니다.

10 평양 선교의 개척자
홀

W. J. Hall

짧지만 강렬했던 생애

윌리엄 제임스 홀William James Hall이라는 이름이 독자들에게는 생소할 것이다. 그는 평양 지역의 개척 선교사였다. 그러나 평양 출신으로서 기홀병원記忽病院을 모르는 사람은 없을 것이다. 이 병원이 바로 홀을 기념하여 세운 병원이다.

홀은 의사이자 목사였다. 그는 1860년 1월 16일 캐나다에서 태어나 1894년 11월 24일 우리나라에서 세상을 떠났다. 우리나라에 선교사로 파송되어 오기는 1891년 12월이니, 선교활동은 불과 2년 11개월 밖에 하지 못하고 35세의 아까운 나이에 죽었다. 그는 세상을 떠난 다음 날인 1894년 11월 25일 양화진에 묻혔다. 짧은 기간이었음에도 그가 남긴 업적은 많은 사람들에게 은혜와 감화를 끼쳤다.

홀은 초대 선교사 맥켄지의 경우와 비슷한 데가 많다. 둘 다 캐나다

홀의 부인 로제타 홀
남편 홀이 별세한 후 1897년 다시 한국으로 돌아온 로제타 홀은 우리나라 시각·청각 장애인 교육의 창시자가 되었다.

평양 기홀병원
짧은 선교사의 생을 마감한 W. J. 홀을 기념하며 그의 부인인 로제타 홀이 평양에 세웠다.

출신이라는 것, 선교활동 기간이 아주 짧지만 그 영향은 컸다는 것, 한복을 입고 우리 음식을 먹으며 한민족과 고락을 같이하다가 순사했다는 것, 청·일전쟁 때 목회를 하다가 죽었다는 것. 그러나 한 사람은 황해도 소래 땅에 묻혔고, 한 사람은 양화진에 묻히었다.

채 3년도 못 되는 짧은 선교 기간이었으므로 그의 경력을 말하기는 아주 간단하다. 그러나 그의 활동은 양적인 면보다는 질적인 면에서 평가되어야 할 것이다. 다시 말해서 맥켄지가 이내 죽었지만 그의 감화로 캐나다 교회가 한국 선교를 정식으로 착수하게 된 것처럼, 홀의 죽음으로 인해 그의 부인과 아들이 그의 뜻을 이어 위대한 업적을 남겼기 때문이다. 또한 맥켄지가 죽자 그의 애인 맥컬리 E. A. McCully가 전기를 썼듯이, 홀이 죽자 그 부인 로제타 셔우드 홀 Rosetta Sherwood Hall이 남편의 전기를 썼다. 그 전기와 더불어 아들 셔우드 홀 Sherwood Hall이 쓴 《닥터 홀의 조선회상 With Stethoscope in Asia ; Korea》이라는 자서전은 홀에 대한 연구뿐 아니라 한국 교회사 연구에 귀중한 자료이다.

그러므로 홀의 생애를 알아보기 위해서는 우선 로제타 셔우드 홀이 쓴 전기 서문을 볼 필요가 있다.

> 조선은 지구 한 끝에 있는 나라이다. 최근까지도 조선은 서방 기독교 세계에 알려져 있지 않았다. 조선은 이때까지 도외시되어 왔고, 무시당하고 소외당한 나라이다. 조선은 이교를 믿는 나라이다. 그 국민은 미신을 숭상하는 완고하고 우매한 국민이었으며, 기독교에 대해서는 엄중한 금교령이 내려져 있는 동시에 그 추종자는 무조건 처형당해야

만 했다. 이 금교령은 장차 폐지될 것이 틀림없지만 아직까지는 효력을 발하고 있다.

우리 감리교회도 다른 교파들과 마찬가지로 조선에서 개척 선교를 시작했다. 우리 주 예수 그리스도의 명령을 받아 조선에 파송된 우리들은 광범위한 선교활동을 개시했다. 주님께서 '가라' 하시매 가 본즉 거기에는 복음을 갈구하는 영혼들이 이미 기다리고 있었다.

어려운 고비는 차츰 넘기게 되었으며 황무지는 개척되어, 지금은 새로 믿기로 작정한 사람들이 수백 명 수천 명을 헤아리게 되었다. 어디로 가나 서광이 비치고 열매가 익어 가고 있다.

윌리엄 제임스 홀의 전기는 이 사실을 증거함에 있다. 그는 기쁜 마음으로 정말 기꺼이 자신을 희생시키면서 이곳에 와 민중의 봉사자 구실을 했다. 나는 다행스럽게도 그를 1892년 여름에 한국에서 만날 수 있었다.

그는 아주 멋있고 믿음직스러운 사나이였으므로 한번 보면 반하지 않을 수 없었다. 그는 아주 다정하고 당당하고 무서움을 모르는 사람이었으며, 외유내강한 사나이, 돈독한 신앙인, 애타적인 성격, 투철한 미래지향적 의지의 소유자, 매사에 참을성 있고, 의지하고 싶어지는 사나이였다. 그의 신앙은 수천만 조선인들을 전부 끌어안을 수 있을 만큼 크고 넓었다.

1892년 서울에서 연차 설교회가 열렸을 때 홀의 영혼은 더욱 불이 붙기 시작했다. 그는 평안하고 살기 좋은 서울의 선교 본부를 떠나, 멀리 미개척지에 가서 아직 복음을 듣지 못한 사람들에게 찾아갈 마음이 불일 듯 일어났던 것이다. 그리하여 그는 평양 지방으로 파송받게 되었다. 이 지방은 멀리 북쪽 국경까지 이르는 광대한 지역으로, 숱한 위험과 어려움이 따랐다. 그러나 그는 기쁜 마음으로 이를 받아들여 놀랄 만한 성과를 거두게 되었다. 조선인들이 그를 믿어 주었기 때문이다. 그들은 홀이야말로 무서워할 줄 모르는 용감한 사나이, 정직하고 의롭고 필요할 때는 언제든지 자기를 희생시킬 수 있는 의로운 사람이라는 것을 알았기 때문이다.

홀은 영웅이고 순교자였다. 그는 자기 생명을 스스로 바쳤다. 청·일전쟁 때 부상당한 수많은 병자들을 위하여 자기 목숨을 바쳤던 것이다. 홀의 이름은 조선인들이 결코 잊을 수 없는 이름으로 길이 남아 있게 될 것이다.

장차 조선에는 기독교 신자가 수백 명, 수천 명으로 늘어날 것인데, 이 존귀하고 성스럽고 순교자다운 영혼은 어디서나 사람들 마음 깊이 새겨지고 존경을 받게 될 것이다.

홀은 1860년 1월 16일 캐나다 온타리오 주 글렌뷰엘 근처 리드에서 태어났다. 그의 부모는 장로교와 성공회 신자였으나, 홀은 1874년 15세 되는 해에 감리교회 부흥회에 참석했다가 거기서 큰 감화를 받아 감리교에 입교하게 되었다.

중학 교육은 온타리오 주 아덴스에서 받고, 킹스톤에 있는 퀸스 대학에서 의학 교육을 받았으며, 뉴욕의 벨리뷰 의과대학에서 의학을 전공한 뒤 1889년 졸업했다.

의과대학 재학 당시, 동창생 중에는 외국 선교사로 나가는 학생들이 많았다. 그러나 홀은 선교에 아무런 관심이 없었다. 그런데 1887년 7월 유명한 부흥사 무디D. L. Moody가 인도하는 학생수련회에 참석했다가 결정적으로 방향 전환을 하게 되었다.

이 집회는 노스필드에서 12일간 열렸는데 거기서 그는 뉴욕 국제의료선교회 총무 도우콘트 의사를 만나게 되었고, 그의 주선으로 의료 선교사 훈련을 받을 기회를 얻었다.

의대를 졸업한 뒤에도 뉴욕에 머물면서 계속 훈련받았다. 이번에는 선교사 지망인 훈련을 위해 특별히 마련된 조그만 병원 원장으로서 실습을 계속했다.

드디어 그는 1891년 북감리교선교회로부터 선교사 임명을 받게 되었는데, 그때 그는 32세의 총각이었고 단신으로 그해 12월에 조선 땅을 밟았다. 제물포에서 먼저 온 목사 G. H. 존스의 영접을 받아 곧바로 서울에 입성하여 아펜젤러 집에 여장을 풀었다. 후배 선교사를 맞이한 아펜젤러는 홀을 보자 바로 그에게 훌륭한 선교사로서의 자격이 있다고 평가했다.

평양 선교 사업

홀은 도착한 지 불과 3개월 만인 1892년 3월 2일, 멀리 의주까지 탐험 여행을 했다. 몇 명의 안내자를 앞세우고 존스와 동행하여 용감하게 길을 떠난 홀은 고양, 파주 등을 지나 송도에 도착했다. 송도에서도 얼음

장 같은 객줏집 온돌방에서 자고 음식도 꽁꽁 얼어붙은 보리밥이 고작이었다.

봉산을 지나 동설령을 넘어 황주를 거쳐 평양에 도착한 것은 1892년 3월 14일, 서울을 떠난 지 12일 후였다. 당시 평양 인구는 약 10만 명이었다.

한 주일 동안 평양에 머물면서 홀은 함께 간 안내자들과 함께 사람들에게 성경책과 약을 나눠 주었다.

최종 목적지인 의주에 도착한 것은 3월 28일이었는데, 서울에서 의주까지 왕복 40여 일 동안 홀이 보여 준 선교 정신은 놀라움 자체였다. 홀은 여행 내내 각 지방 전통음식을 먹었다.

한번은 국을 참 맛있게 먹은 다음 마당에 나가 쉬는데, 지붕 위에 무슨 짐승의 가죽을 말리고 있기에 주인에게 물었더니 개 가죽이라고 했다. 조금 전에 맛있게 먹은 국은 바로 저 개를 잡아 끓인 개장국이었던 것이다. 이 말에 홀은 놀라기는커녕 도리어 행복한 웃음을 보이더라며, 동행했던 존스는 "홀 의사가 여행 중에 보여 준 그 영웅적이며 성자다운 풍모에 놀라지 않을 수 없었다"고 탄복하였다.

1892년 8월에 홀은 감리교 선교사 연차회의에서 평양 지방 개척 선교사로 파송되었다. 홀은 이듬해 3월 평양으로 가게 되었는데, 그때는 평양감사로부터 금교령이 내려진 때였다. 즉 기독교 서적을 팔아서는 안 된다는 명령이었다. 이후 그는 집 한 채를 사서는 본격적인 의료 사업을 시작했다. 많은 환자들에게 의료혜택을 베풂으로써 평양감사의 호감을 사서 성경책도 마음대로 뿌리고 활동도 더 많이 할 수 있었다. 이로써 감리교의 평양 지방 개척선교를 뿌리내릴 수 있었던 것이다.

5주 동안 평양 선교의 기반을 닦은 후, 홀은 서울에 돌아왔다가 그해 여러 차례 평양을 방문하면서 선교활동을 계속했다.

홀의 부인인 로제타 셔우드 홀은 1865년 9월 19일 뉴욕에서 출생하였다. 펜실베이니아 여자의과대학을 졸업한 뒤, 1890년 26세의 처녀 의료선교사로 우리나라에 파송되었다. 처음에는 스크랜톤이 경영하는 상동시병원尙洞施病院에서 근무하다가 1892년 6월에 홀과 결혼하였다.

1894년 5월에 이 신혼부부는 갓난 아들을 데리고 평양으로 이사를 갔다. 그 후 숱한 박해를 겪어야 했는데, 그 중 한 가지만 들어 보면 대략 다음과 같다.

> 우리가 도착하자 많은 사람들이 우리를 구경하러 왔다. 전부 대문 안으로 들어올 수 없어서 큰 소동이 일어났다. 나중에는 감사에게 보호를 청하기까지 했다. 한편 우리의 심복 김창식이 잡혀 투옥되었다. 우리가 살던 곳 집주인도 투옥되었다. 다급하여 감사를 찾아가 석방을 요청했다. 가서 보니 장로교 S. A. 마페트 목사와 조사[助事 : 선교사·목사를 도와 교회 일을 하던 사람]와 집주인도 잡혀갔다. 그들은 모두 쇠고랑을 찬 채 심한 고문을 받고 있었다. 그리고 아내의 신변이 걱정되어 급히 집에 돌아와 보니 초신자들 중에 나와 같이 감사를 찾아갔던 오씨도 잡혀갔던 것이다. ……그들은 모두 임금님의 엄명에 따라 처형되어야 할 것이며, 사형수 감방에 옮겨져 죽음을 기다리고 있었다.

10만 평양 인구 중에 외국인이라곤 오직 홀 가족뿐이었다. 사태가 급해지자 홀은 아내와 아기를 집에 남겨 둔 채 이리 뛰고 저리 뛰었다. 전화국으로 달려가 서울에 전보를 치고, 평양감사 공관으로 달려가 애걸을 했다. 그러는 동안 서울에서는 영·미 두 나라 공사들이 긴급조치를 하고 있다는 전보를 받기는 했으나 사태는 여전히 험악했다. 홀이 없는 사이, 그 집에는 돌멩이가 날아들고 담장이 무너지는 험악한 사태가 벌어졌다.

홀의 평양 선교는 이런 식으로 시작되었다. 그리고 청·일전쟁이 터져 양 군이 평양 시내에서 시가전을 하게 된 1894년 9월 한 달 동안, 홀은 서울에 와 있었다. 그러나 청나라 군대가 밀려 나가고 평온을 되찾았다는 소식이 전해지자 홀은 다시금 평양으로 갔다. 이번에는 장로교의 마페트와 함께 1894년 10월 초순에 도착하여 구호의 손길을 펴기 시작했다.

전쟁 후의 평양은 처참함 그 자체였다. 사방에 버려진 청나라 군인들의 시체, 죽어 넘어진 군마들의 썩은 냄새, 파괴된 집들과 무기, 기아상태에 허덕이는 시민들의 모습은 차마 눈뜨고 볼 수 없었다.

홀은 밤낮을 가리지 않고 그들을 도왔다. 병자들을 살피고, 신자들을 심방하고 무너진 교실을 다시 세우고 밤 예배를 인도했다. 신자 4명에게는 세례까지 베풀었다.

그러다가 피곤이 쌓이고 몸이 지쳐 앓아눕게 되었다. 신열이 40도까지 오르게 되었는데 장티푸스인지 말라리아인지 알 수 없었으나 전염병인 것만은 틀림없었다. 그래서 하는 수 없이 서울로 철수하기로 하고 대동강에서 목선을 탔다. 죽을 고비를 겨우 넘기면서 제물포에 도착했다. 잠시 객줏집에 들어가 안정시킨 다음 다시 배를 타고 강화도와 김포 사이의 수로를 따라 서울을 향해 거슬러 올라갔다.

이튿날 아침 서울에 도착하니 때는 1894년 11월 24일, 그의 부인이 남편을 맞이하여 온갖 정성을 다했으나 안타깝게도 홀은 영영 세상을 떠나고 말았다.

그때 홀의 죽음을 지켜본 마페트는 진심으로 그의 죽음을 안타까워하면서 이렇게 말했다.

"홀은 주님의 명령에 따라 살다가 죽었다. 주님이 명령하매 기꺼이 한국에 왔고, 다시 명령하매 세상을 떠나 하늘나라로 갔다. 그는 위대한 신앙, 위대한 사랑, 위대한 자비의 사람이다……."

로제타 홀의 봉사활동

홀의 별세 후 그의 부인 로제타는 미국에 돌아갔다가 1897년 다시 우리나라에 오게 되었는데, 돌아와서 제일 먼저 기홀병원을 개원하였다. 이 병원은 홀의 유산과 그의 별세 후 들어온 조의금을 가지고 세운 것이다. 원장은 폴웰E. D. Follwell, 부인과장은 로제타 홀이 맡았다. 이것이 곧 평양에서는 제일 먼저 개설된 서양식 병원이다.

그 다음으로 착수한 것은 조선 여성을 의사로 만드는 일이었다. 아니 이 일은 병원 개설보다 훨씬 앞섰던 것이다. 1890년 조선에 온 로제타는 김점동金點童이란 아이, 후에 박에스더라 불린 한 여성을 자기 통역

셔우드 홀과 '크리스마스실'

셔우드 홀은 1928년 해주 폐결핵요양원을 개설하고, 1932년부터 크리스마스실을 발행·판매하였다.

겸 간호사로 키웠다. 1876년 3월 16일 서울에서 태어난 김점동은 신의경辛義卿의 막내이모인데, 신의경은 정신여학교 초대 교사였던 신마리아의 동생이며 3·1운동 때 애국부인회 사건으로 대구에서 옥고를 치른 바 있다. 로제타 홀은 남편과 1895년 평양으로 갈 때도 김점동을 데리고 갔으며, 1896년 미국으로 갈 때도 데리고 가서 의과대학에 입학시켜 마침내 우리나라 최초의 여의사가 되게 했다. 이 여성의 본명이 김점동인데도 박에스더라 부르게 된 것은 남편 성을 따랐기 때문이다.

또 하나의 큰 공헌은 맹인 교육과 농아 교육이다. 로제타 홀은 우리나라에 다시 오자, 어렸을 때 취미 삼아 배워 두었던 점자 사용법을 이용하여 한글맞춤법에 맞추어 '점자법'을 만들고 맹인들을 위한 기도문, 십계명, 초등 교과서 등을 만들었다. 이것이 곧 국내 최초의 맹인점자 교육인데 로제타는 이 사업을 맹인 기술교육과 나란히 운영했고, 1906년에 이르러서는 정규 학교를 세우게 되었다. 그뿐만 아니라 로제타 홀은 1906년 이익민이란 사람을 중국에 파송하여 농아교육법을 익히게 한 다음 1907년 우리나라 최초의 청각장애인 학교를 세웠다.

끝으로 홀의 아들인 셔우드 홀에 관하여 언급하고자 한다. 그는 1893년 11월 10일생으로, 홀 부부가 결혼한 이듬해 서울에서 태어났다. 그는 세상에 태어난 지 1년도 안 되어서 부모 등에 업혀 평양으로 갔으니, 어릴 때부터 서울과 평양을 왕래하며 개척선교에 참여한 셈이다. 성장한 뒤에는 의과대학을 졸업하고 다시 우리나라로 와서 16년 동안 의료선교를 했다. 그는 해주에 폐결핵요양원을 개설했는데, 이것이 곧 국내 최초의 폐결핵요양원이다. 1928년, 그의 어머니가 주춧돌을 놓음으로써 기공식이 거행되었는데, 여기서 그는 원장으로 일하며 그 유명한 '크리스마스실'을 발행하였다. 1932년부터 발행하기 시작한 크리스마스실은 한국 폐결핵 요양 사상 획기적인 기록을 남기기에 이르렀다. 해주 폐결핵요양원은 이 크리스마스실을 판매함으로써 운영상 큰 발전을 가져올 수 있었다.

한편 로제타 셔우드 홀은 1940년 한국을 떠나 1951년 미국 뉴저지 주에서 85세의 나이로 세상을 떠났다. 그리고 유언에 따라 유골은 양화진에 뿌려졌다.

아들 셔우드 홀은 1963년에 은퇴하고 캐나다로 돌아가 여생을 보냈다. 그도 유언에 따라 1991년 9월 19일 양화진에 안장되었다.

터너

11 성공회 토착화의 주역

A. B. Turner

스포츠 선교활동

터너Arther B. Turner는 영국 출신 성공회 신부로, 1905년부터 1910년까지 대한성공회 제2대 주교를 지냈으며 우리나라 이름은 단아덕端雅德이다.

영국 성공회 소속 신부로서 코프Charles John Corfe라는 사람이 있었다. 그는 영국 해군 군종 신부를 역임한 사람으로, 한국 개척 선교사로 뽑혀 1889년 11월 1일 웨스트민스터 대성당에서 주교로 선출되어 1890년 9월 29일 제물포에 상륙했다. 서울에 자리를 잡은 그는 12월 25일 크리스마스에 첫 예배를 드리게 되면서 이날을 대한성공회 창립일로 정했다. 이곳이 바로 오늘날 정동 서울성공회성당 자리이며, 낙동 즉 명동 입구에 있는 대연각과 중앙우체국 근처에 '부활의 집'이라는 조그만 집회소를 마련하기도 했다.

낙동의 성당은 1891년 5월 성신강림절에 축성식을 가졌고, 정동의 성당이 '교회다운 모습'을 갖게 된 것은 1892년 11월 장림성당의 축성식이 있었을 때부터이다.

그러나 1896년 크리스마스 때부터 비로소 본격적인 교회 구실을 하기 시작했다고 볼 수 있다. 왜냐하면 크리스마스 전야를 기하여 6명의 지망자와 5명의 고아들에게 성세聖洗를 베풀었고, 다음 날인 크리스마스 때 비로소 첫 예배를 드렸기 때문이다. 그전까지는 우리나라 사람에게 성세를 베푼 일이 없었으며, 선교사들은 언어와 풍속 등을 익히면서 선교 준비에 열중하는 동시에 자기네들끼리 예배를 보아 왔다.

터너가 우리나라에 온 것은 바로 이 무렵이었다. 그는 1896년 12월 2일, 첫 예배를 드리기 22일 전에 입국하여 이 첫 예배에 참석하였다.

터너는 1862년 8월 24일 영국에서 출생했으며, 옥스퍼드 대학과 커데스돈 신학대학을 졸업하고 1888년 사제로 서품되었는데, 우리나라에 오기는 그로부터 8년이 지난 후였다.

터너는 성공회 신부로서 전도에 열중하는 것 외에 스포츠 보급에도 커다란 공헌을 했다. 관립 영어학교가 1894년에 설립되었는데, 터너는 이 학교 학생들에게 축구를 가르쳤다.

처음에는 학생들끼리만 공을 차게 하다가 차츰 학생들의 실력이 향상되었을 때 영국 공사관 팀과 시합을 하게 됐다. 터너는 유명한 축구선수로, 이 두 팀이 시합을 할 때는 언제나 심판을 보았다. 그가 어찌나 기운이 세고 공을 잘 찼던지 한쪽 골대에서 공을 차면 저쪽 골대까지 공이 가 닿았다고 한다.

영어학교 학생이며, 터너에게서 축구를 배운 김종상(황성기독교청년회 초대 체육 간사)의 말에 의하면, 매주 수·토요일 오후에는 훈련원 대청 앞, 오늘날의 동대문운동장[*현재 동대문역사문화공원]에서 영국 공사관 팀과 YMCA 팀이 정규시합을 가졌다고 한다. 터너는 기독교 선교뿐만 아니라 한국에 축구를 도입, 발전시킨 한국 스포츠의 선구자이며 공로자이기도 하다.

한국 YMCA 활동

터너는 성공회 신부이기 전에 먼저 평신도적인 활약이 컸다. 그는 당시 황성기독교청년회 운동에 깊이 관여했다.

황성기독교청년회, 즉 한국 YMCA는 1901년부터 꿈틀거리기 시작했는데, 그때부터 터너는 앞장서기 시작하여 1903년 10월 28일 창립총회 때에는 12명의 창립 이사 중 한 사람으로 뽑혔다. 이보다 몇 달 전 창립 준비 과정에 YMCA 자문위원회가 조직되었을 때에도 그는 중요한 역할을 했다. 당시 주한 미국 공사이던 알렌을 비롯하여 영국 출신의 대한 정부 재정고문인 브라운J. M. Brown, 헐버트 등 각국 선교사, 은행가, 외교관들로 구성된 이 자문위원회는 소위 '서울에서는 처음 보는 국제적인 대표자 회의'였는데, 이 회의에서도 터너는 가장 주동 인물로 활약했다.

더욱이 그는 1907년부터 1910년까지의 중요한 기간 중 YMCA 회장으로서 크게 활약했다. 이 시기는 아주 중대하고도 미묘한 때였다. 우선 정치적으로 볼 때, 우리나라는 1905년 을사늑약으로 외교권을 박탈당했고, 1907년 헤이그밀사사건이 일어나자 고종은 왕위에서 밀려나는 동시에 강제로 군대해산을 당했다. 대한제국의 운명이 종말을 고하는 이때, 당시 민족운동 단체들은 영일동맹하의 영국인의 치외법권적인 세력을 이용하여 영국인을 방패로 삼는 풍조가 있었다. 예를 들면 양기탁, 박은식, 신채호 등 과격한 민족주의자들이 〈대한매일신보〉를 시작할 때 영국인 베델을 사장으로 앉혔던 것이다.

한국 YMCA도 처음에는 미국 출신의 헐버트를 초대 회장으로 삼았지만, 그가 1905년 을사늑약 때 고종황제의 밀사로 미국에 파견되었던 관계로 이내 사임하자 캐나다 출신의 게일을 제2대 회장으로 추대했다. 그러나 1907년 헤이그밀사사건과 더불어 고종이 왕위에서 밀려나고 군대마저 해산되자 YMCA 당국은 급한 나머지 터너를 제3대 회장에 위임했다. 이는 항일민족지 〈대한매일신보〉가 영국인 베델을 사장으로 세움으로써 일제의 노골적인 탄압을 막아 보자는 정치적 배려에 불과했던 것이나 마찬가지의 방법이었다.

어쨌든 터너는 일제가 한민족을 말살하고 그 지배하에 넣자던 그 막바지에 YMCA 회장에 취임하게 되었다. 한편 이상재, 윤치호, 현흥택 등은 맹렬히 항일운동을 벌이는 동시에 미국 출신의 질레트 총무와 미국 YMCA 모트John R. Mott 총무의 주선으로, 미국 백화점 왕으로 이름난 워너메이커John Wanamaker의 재정 원조를 받아서 새 회관 건축에 박차를 가했다.

1907년 착공하여 1908년에 준공된 YMCA 회관은 1천 평 대지 위에

터너 주교의 묘비

YMCA 새 회관
미국 실업가 워너메이커의 재정 원조를 받아 1908년에 지어졌다.

세워진 3층 벽돌집으로, 약 6백 평 건물이었지만, 보일러 시설까지 완비된 우리나라 최초의 현대식 건물이다. 당시 초가집만이 즐비했던 종로 네거리에 이처럼 거대한 현대식 건물이 서게 되자 세상은 온통 선망의 눈으로 YMCA를 쳐다보게 되었다.

터너는 이렇듯 YMCA 역사상 가장 중요한 시기에 회장직을 감당했다. 당시 YMCA 지도자들은 터너의 덕망과 지도력, 그의 정치적 역량과 국제적 배경을 유감없이 활용하여 새 회관을 성공적으로 건립하는 동시에 일제의 악독한 침략과 탄압행위를 막는 데 든든한 방패로 삼았다.

터너의 공헌은 YMCA 회관 건축에서만이 아니라 회원의 확대 및 청년운동의 조직화에서도 볼 수 있다. 회원 조직의 경우, 때마침 일제의 탄압으로 해산되었던 상동교회의 청년학원 및 신민회 지도자 전덕기 등을 포섭하여 본래 YMCA 내에 있던 이상재, 윤치호, 이승만, 김규식 등과 함께 일종의 기독교 연합 세력을 구축했다. 당시 YMCA 실무 직원들만 해도 83명이나 되었는데, 당시 불과 20만 인구밖에 안 되던 서울에서 YMCA의 세력은 악독한 일제로서도 호락호락 건드리기가 어려운 것이었다.

교회 자립운동과 교육 방침

성공회 발전에 대한 터너의 공헌은 너무나 뚜렷했다. 1905년 1월 25일 제2대 주교로 서품된 이후 1910년 10월 28일 순직할 때까지 5년간 발휘한 그의 지도력은 성공회 역사상 획기적인 기록을 남겼다. 우선 터너는 1908년 6월을 기하여 〈종고성교회월보宗古聖教會月報〉라는 월간지를 발행했는데, 이 잡지 9월호에서 그는 다음과 같은 다섯 가지 문제를 제시했다.

① 교회에 다닌다는 것이 무슨 유익이 있는가. ② 천당 영복永福을 받는다는 것은 무엇을 뜻하는가. ③ 성교회의 성쇠는 나라의 흥망에 직접 관계되는 것이다. ④ 교인이 핍박받는다는 것은 성교회 흥왕의 기초가 되는 것이다. ⑤ 교인의 질병이 다만 성교聖教로 낫는 것이 아니다.

여기서 우리는 그의 목회방침을 엿볼 수 있는데, 이를 다음과 같이 세 가지로 분석할 수 있다. 첫째, 신앙과 현실 문제, 즉 인간의 현실 문제를 무시한 신앙은 죽은 신앙이라는 것, 둘째, 신앙과 사회참여 문제, 즉 성공회 신도들은 절대로 일진회에 가담해서는 안 된다는 것, 더 나아가 항일운동은 곧 신앙운동이며 불의와 싸우는 것은 교인으로서 마땅히 해야 할 일이라는 것, 셋째, 성공회 신도들은 어디까지나 순수한 신앙적 동기로 믿어야지 단순히 병이 낫기 위하여 또는 어떤 인간적인 복을 받기 위하여 믿어서는 안 된다는 것을 목회 원칙으로 삼았던 것이다.

특히 그는 교회의 자립을 주장했다. 1909년 6월에 그는 주교 통신으로 다음과 같이 지시했다.

각양 경비를 각각 그 교회 교우들이 담당하기를 힘쓰고 주의하라. 그러므로 특별히 다음 다섯 가지 조목을 형제들에게 알리노라. 제일은 한국 교사와 전도사의 봉급이요, 제이는 성당이나 회당을 건축하는 경비요, 제삼은 각 지방교회의 대소사에 관한 경비요, 제사는 신설하는 부설학교의 경비요, 제오는 고아를 수양收養하는 경비와 병인病人 구조하는 경비와 교우 중 궁핍한 자를 애휼하는 경비라.

흔히 초대 교회는 선교사들이 직접 경영하고 모든 경비도 선교사들이 전담하는 폐단이 있었다. 그러나 터너는 이를 반대했다. 한국 교회는 한국인 스스로가 운영하는 교회가 되기를 원했다. 다시 말해서 한국 성공회는 터너 주교 때부터 토착화의 걸음을 걷기 시작했다고 할 수 있다. 교회의 각종 경비, 즉 학교 교사와 전도사의 월급, 교회 건축비, 신설 학교 운영비, 고아원 등 사회사업 단체 운영비, 병원 사업비 등을 한국인들이 감당할 수만 있다면 선교사들이 무슨 필요가 있겠는가. 터너의 목회 이상은 한국 교회의 자립에 있었다.

당시 자립 교회의 대표적인 예로 강화교회를 들 수 있다. 1908년 강화 온수리교회의 경우 사람들이 구름같이 모여들었고, 진천교회는 제 힘으로 성당을 지었는데, 전도를 시작한 지 불과 3년 만에 소관 동네가 20여 곳이 되었고, 신자가 수천 명에 달했다는 기록이 있다.

그리하여 1909년 캔터베리 대주교로부터 터너에게 다음과 같은 치하의 공한公翰이 오기에 이르렀다.

> 사랑하는 터너 주교에게 ……대저 10년 전에 전위하신 대주교께서 지혜를 미리 헤아리사, 한국에 한 성공회 지회를 세우시고, 또한 이제 내

가 생각하건대 동양에서 한국과 같이 전도가 잘 되어 가는 지방이 없으니, 대주교의 예탁하심과 교사들의 전심전력으로 전도한 것이 잘한 줄로 아노라.

터너는 도처에 신명, 진명의 명칭으로 학교를 세웠다. 특히 그는 "남녀가 한 가정에서 조화 있는 생활을 하려면 남녀가 동등해야만 한다. 그 본분이 다르기 때문에 그 분량대로 법도에 따라 서로 상의할 수 있는 관계가 유지되어야 한다"고 밝힘으로써 남녀의 동등과 함께 그 차이를 주장했으며, "여자도 남자와 같이 세계적으로 공통 과목인 독서, 습자, 산수, 지리, 역사를 배우는 한편 여성 특유의 기능인 의복, 음식, 침선針線 등을 배워야 할 것이다"라고 하면서 여성 교육을 적극 추진했다.

아깝게도 터너는 10월 28일 과로로 순직하였다. 강화 온수리교회 뜰 '율신삼덕 구령중생 십재복로 천추유명律身三德 救靈衆生 十載服勞 千秋留名'이라고 새긴 공덕비가 세워져 있는데, 여기서 삼덕이란 곧 믿음, 소망, 사랑의 뜻이 있으며, '단아덕'이란 그의 한국 이름도 그의 아름다운 덕행으로 인해 지어졌다. 그의 유해는 양화진 외인묘지에 묻혔다.

12 숭실대학의 창설자 베어드

W. M. Baird

숭실대학 약사

미국북장로교선교부 파송으로 내한한 초대 선교사, 교육자, 숭실중학과 숭실대학의 창설자인 베어드William M. Baird에 대해 언급하기에 앞서 그의 땀과 피로 이루어진 평양 숭실중학, 숭실대학의 약사略史를 먼저 알 필요가 있다. 숭실대학과 숭실중학은 평양에 창설되었으므로 그 역사가 우리 뇌리에서 사라지기 쉽다. 그러므로 우선 그 학교의 약사를 뇌리에 아로새겨 둠으로써 베어드에 대한 이해에 도움을 주고자 한다.

숭실대학의 창설 연대는 1897년 10월 10일까지 거슬러 올라간다. 관서 지방의 기독교 선교 개시와 서구식 교육이 요청되는 분위기 속에서 평양 신양리 자택 사랑방에서 13명의 학생을 데리고 숭실학당을 개설한 베어드는, 1900년에는 수업 연한 4년제 중학교로 발전시켰고, 1904년에는 중학교 첫 졸업생을 배출하게 되었다.

그러나 중학 과정만으로는 학생들과 사회의 요구를 충족시킬 수가 없으므로 1905년부터는 대학교육을 시작하고 미국장로교선교부와 감리교선교부가 합동으로 학교 운영을 하기로 결의하였으며, 1906년에는 선교회 본부로부터 대학부 개설에 대한 정식 인가를 받고, 1908년 2명의 첫 졸업생을 배출했다.

숭실대학 초창기에는 여러 교파의 선교부가 합동으로 경영했다. 미국남장로교선교부, 캐나다장로교선교부, 호주장로교선교부 등이 합동 경영에 참여하여 소위 합성숭실대학 Union Christian College이란 명칭을 갖기도 했다. 이러한 숭실대학의 합동 경영은 감리교와는 1914년까지, 나머지 선교부와는 1938년 폐교 때까지 계속 같이했다.

일제가 1910년 소위 한일합방 후 조선교육령, 사립학교 규칙, 전문학교 규칙, 개정 사립학교 규칙 등 일련의 교육 탄압령을 발표하는 통에 숭실대학도 많은 파란을 겪었다. 즉 숭실대학은 1912년 조선총독부로부터 정식 인가를 받은 바 있으나 전문학교로 개편될 수밖에 없었다. 그럼에도 숭실대학은 본연의 자세를 잃지 않고 버텨 나가는 한편, 성장을 계속함으로써 1931년에는 3년제 3년 과정의 농과가 증설되었으며, 이에 따라 대규모 농장이 마련되기도 했다.

농과의 증설과 아울러 전문학교로의 개편 이전에 문과, 이과 등 교육이 실시되었으며, 학생들의 학비 자금 제도로 운영되어 왔던 기계창을 바탕으로 하여 실과 교육이 실시되어 장차 산업 역군 양성의 터전이 되었다. 그리하여 숭실의 농과는 우리나라 사상 최초의 농과 교육이 되었으며, 이로 인하여 YMCA 농촌운동과 함께 농촌 부흥의 쌍벽을 이루게

베어드 부인
남편 베어드의 교육 사업과 선교를 훌륭히 도왔던 애니 아담스 베어드는 교과서 번역과 선교사들을 위한 한국어 지침서를 쓰는 등 많은 문헌을 남겼다.

숭실대학
베어드는 1897년 10월 10일 평양 신양리 자택 사랑방에서 13명의 학생을 데리고 숭실학당을 개설하였다. 사진은 초기에 지어진 평양의 숭실대학 모습이다.

되었다.

일제하에서 숭실은 선교를 비롯하여 음악, 체육, 문예 활동에도 많은 공헌을 했다. 일제의 감시와 탄압에도 불구하고 전국 방방곡곡으로 전도대를 파송했으며, 전도대와 함께 또는 단독으로 음악대를 조직하고 파송하여 사기를 올렸다. 그리고 축구, 농구를 비롯한 각종 체육에도 큰 공헌을 했다. 이것은 체육 또는 음악활동이라는 차원을 넘어 하나의 민족운동, 항일운동이었으며, 이에 따라 민족 문학, 민족 시인, 작가들도 많이 배출하였다.

직접적인 항일 투쟁으로는 1912년 105인 사건, 1919년 3·1 독립운동, 그리고 1930년대의 신사참배 반대운동 등을 들 수 있는데, 이때 숭실은 민족의 얼과 역사를 지키는 데 크게 공헌하였다. 그러나 안타깝게도 숭실대학은 1938년 일제의 탄압에 의해 잠시 문을 닫을 수밖에 없었다.

베어드의 교육 선교

베어드는 1862년 6월 16일 미국 인디애나 주에서 출생하였다. 1885년 하노버 대학을 졸업하고 1886년 맥코믹 신학교를 졸업, 1903년에 철학박사, 1913년에 신학박사 학위를 얻었다.

부인 애니 아담스 베어드Annie Adams Baird는 1864년 9월 15일에 태어났다. 1883년 웨스턴 여자대학과 1884년 하노버 대학을 졸업하고 1885년에 워쉬번 대학을 졸업하였다.

베어드 부부가 선교사로서 우리나라에 온 것은 1891년 2월 2일. 맥코믹 신학 시절 D. L. 무디에게 받은 영향 때문이다. 학생자원봉사단Student Volunteer Movement의 영향이 어찌나 컸던지, 동급생 중 네 사람이 조선의 선교사로 왔던 것이다. 베어드 외에 초대 선교사 S. A. 마페트, D. L. 기포드 등이 그렇다. 그들은 "모두 다 가자, 모두 다에게로All should go and go to all"라는 구호 아래 조선을 향해 떠났던 것이다.

최초의 임지는 부산. 그는 1891년 도착하자 그해 9월 선교를 개시하여 1895년까지 부산에서 선교했다. 그때 서상륜이 부산으로 파송되어 전도에 협조했으나 병환으로 곧 상경했기 때문에 고생이 이만저만이 아니었다. 1893년 봄에는 밀양, 대구, 안동, 상주, 경주 등지를 처음으로 순방했다. 이 무렵 그는 부산에서 심서방에게 최초로 세례를 베풀었다.

베어드는 1895년 대구에 집을 사서 선교를 시작했다. 베어드 부부는 갓난아기를 데리고 1896년 대구로 이사했다. 그럼으로써 그는 대구 최초의 선교사가 되었다.

그러나 장로교선교부는 1896년 말에 베어드를 서울로 불렀다. 왜냐하면 그때까지 장로교의 교육 사업이란 보잘것없었기 때문에, 교육 사업을 위해서는 베어드 같은 인물이 가장 적임자라고 여겼기 때문이다. 그뿐만 아니라 베어드 부인 역시 교육자로서 천품을 타고난 여성이었다.

그는 서울에 올라와서 곤당골에 학교를 세웠다. 그리고 본래 있던 예수교학당도 맡아 했다. 그러나 이 학교들은 전부 고아를 상대로 했고, 안식년이 되어 잠시 미국으로 떠나야 했기 때문에 곧 손을 뗄 수밖에 없었다. 그러나 이때 그는 중요한 보고서를 썼는데, 그것이 장차 그의 교육 정책이 되었다.

> 나는 서울에서 떠나야겠다. 그러나 만일 다른 곳에 적당한 터를 잡을 수 있고, 한글을 교육 용어로 하여 기독교 교육을 받으려고 지망하는 적당 수의 학생 즉 고아가 아닌 학생을 확보할 수 있다는 믿음직한 전망이 보이고, 선교사로서 교육 사업에만 전적으로 봉사하여 좋은 성과를 기대할 수 있다면, 나는 서울로 올 때에 희망했던 그 사업을 다시 시도하여 큰 기쁨을 갖고 싶다.

이 글에서 우리는 선교 목적에 대한 그의 기본 태도를 발견할 수 있다. 이때부터 그는 선교활동을 교육 사업에 집중했다.

드디어 베어드는 1897년 10월 평양 신양리에서 숭실학교를 시작했다. 숭실학교는 장로교가 세운 최초의 정규 중학교이며, 이 학교가 그 뒤 숭실대학으로 발전했다. 그런데 이 학교의 특색은 학생들의 학자금 자급 제도와 자립 정신에 있었다. 베어드는 미국 미주리 주의 장로교계 학교인 파크 대학과 포이네트 아카데미를 숭실학교 경영의 이상적인 표본으로 삼았다. 이 학교들은 학생 전원이 학생지도관에서 일주일 동안 일정한 시간을 작업하도록 한 뒤 그 수입으로 학생들이 자력으로 학자금을 마련할 뿐만 아니라 그곳에서 배운 기술을 졸업 후 써먹도록 했다.

베어드는 이것을 그대로 적용시키지는 않고 당시 우리나라 사정에 맞추어 시행했다. 미국 인디애나 주의 한 농촌 소년이던 그는 육체노동을 천시하는, 앉아서 글 읽는 것만 자랑으로 생각하던 우리나라 사람들의 뿌리 깊은 생각을 개혁하는 것을 자기의 사명으로 여기고 교내에 소위 자조 사업부를 두었다. 그는 학생들에게 근로와 자조 정신을 불어넣어 주는 것을 제1의 교육 목적으로 삼았다.

교육 정책과 네비우스 선교 방법

베어드가 교육 사업에 성공한 이면에는 대략 두 가지의 큰 이유가 있다. 하나는 그의 창의적인 교육 정책이요, 다른 하나는 소위 네비우스 선교 방법Nevius Method을 당시 우리나라 실정에 맞도록 적당히 수정하여 적용시킨 점이다.

그의 교육 정책이란 이미 말한 바와 같이 고아원이 아닌 정규학교 교육을 해야 한다는 것이었다. 다른 개척 선교사들은 처음부터 고아들을 데려다가 거저 먹이고 입히고 하면서 교육을 했지만 베어드는 학생들에게서 수업료를 받으면서 교육을 시켜야 한다고 주장했다.

그리고 그가 내세운 교육 정책은 다음과 같다.

① 학교교육은 실생활에 필요한 모든 분야를 가르치는 교육이어야 하며, 학생들로 하여금 사회적 책임과 의무를 감당케 하는 교육이어야 한다. ② 학교교육에서 가장 중요한 것은 학생들의 종교적·정신적 발육이어야 한다. ③ 선교부가 경영하는 학교의 중요 목적은 토착 교회 발전에 두어야 하며, 더 나아가서 인근 사회에 기독교 신앙을 심어 주

는 데 있어야 한다.

이러한 세 가지 교육 정책을 설명하는 가운데, 베어드는 이렇게 덧붙여 말했다.

학생들이 위 세 가지 교육 원칙대로 잘 훈련만 되면, 졸업 후 그가 농부가 되든지, 제철공이 되든지, 혹은 의사, 교사, 공무원 등 무엇이 되든지, 그들은 전부 자기 직업을 통하여 기독교 복음을 전하는 자가 되어야 한다. 선교사들은 학생들이 전도자가 되게 하는 것을 우선적인 사명으로 해야 하지만, 그러나 거기까지는 못 간다 하더라도 학생들이 건전한 국민이 되게 하는 데는 성공해야 한다.

이것은 얼핏 생각할 때 평범하고 당연한 것으로 여겨지지만, 그 당시 실정에서는 하나의 혁명적인 교육 효과였다.

앞에서도 언급했지만, 베어드가 성공한 또 하나의 이유는 네비우스 선교 방법을 교육에 적용시켰기 때문이다. 네비우스 선교 방법이란 교회로 하여금 자력 유지 Self-Support, 자주 치리 Self-Government, 자진 전도 Self-Propagation가 되게 하는 것으로, 이에 대하여 언더우드는 이렇게 설명하였다.

① 각 사람으로 하여금 그 본래의 직장이나 직업에 그대로 남아 있어 자급 자립하면서 그리스도를 위한 한 몫의 일꾼이 되게 하며, 그 인근

친척 중에서 그리스도인다운 생활을 실천토록 한다. ② 토착 교회의 운영과 기구 조직은 그 교회 자체의 능력 범위 안에서 한다. ③ 교회 자체가 교회 일꾼과 재정을 공급할 수 있을 때에만 유자격 전도사를 채용한다. ④ 그 고장 토박이로 하여금 자력으로 교회 건물을 지속, 건축 양식도 본토 식으로, 그 규모도 그 능력 범위 안에서 한다.

베어드가 성공한 두 번째 이유로서 "그가 네비우스 선교 방법을 우리나라 실정에 맞도록 적당히 수정해서 적용시킨 것"을 말한 바 있다. 여기서 적당히 수정하여 적용시켰다는 점이 중요하다. 이는 곧 네비우스의 세 가지 자주 정신 즉 자력 유지, 자주 치리, 자진 전도의 정신을 평안도 사람들이 본래부터 갖고 있는 개화 정신(개방성), 독립 정신(애국심), 하나님 숭배 정신(종교심)에 적당히 접붙였다는 말이다. 베어드가 숭실학교에 미국 파크 대학 정신을 도입한 것도 마찬가지다. 아무리 네비우스 정책이 좋았다 해도 평안도 사람들이 본래부터 갖고 있던 정신이 없었다면 아무런 효과를 얻지 못했을 것이다.

1917년부터 베어드는 주로 문서 사업에 종사했는데, 이 사업을 시작한 이듬해 사랑하는 아내를 잃었다. 그 부인 역시 훌륭한 문필가였다. 5남매의 현모이자 양처였던 베어드 부인은 남편의 교육 사업과 전도 사업을 훌륭히 도왔을 뿐 아니라 교과서 번역도 하고 선교사들을 위하여 한국어 지침서도 만들었다. 한 가정주부로서 베어드 부인만큼 많은 문헌을 남긴 여교사도 없다.

아내를 잃은 뒤 베어드는 1918년 페틀롤프Rose May Fetlrolf와 재혼했다.

그녀 또한 훌륭한 내조자였다.

베어드는 주로 성서 개역에 열중했다. 이 때문에 그는 시카고 대학과 프린스톤 대학 신학과에서 다시 히브리어를 공부했고, 우리나라에 와서는 김인준, 남궁 혁 등과 함께 구약성경 개역에 힘썼다.

1931년 10월, 당시 숭실전문과 숭실중학의 교장이던 맥퀸 G. S. McCune의 초청으로 '숭실학교 창설의 날' 행사가 거행되었을 때 베어드 내외는 창설자로서 특별 초대를 받았다. 실로 성대한 모임이었다.

그 모임 이후 한 달 뒤 베어드는 장티푸스에 걸려 2주간의 치병도 보람 없이 1931년 11월 영영 이 세상을 떠났다. 영결식은 바로 한 달 전 '숭실학교 창설의 날'이 열렸던 강당에서 거행되었다. 그리고 그의 무덤과 비석은 숭실 구내에 있었으나, 8·15 해방 후 비석만은 옮겨다가 1959년 그의 아들에 의하여 양화진 외인묘지에 세워졌다.

13 YMCA 부흥 운동가 브로크만 형제

F. M. Brockman

플레쳐 브로크만의 YMCA 활동

프랭크 브로크만Frank M. Brockman은 1905년 내한하여 한국 YMCA 학생부 간사와 총무 등을 역임하다가 1927년에 귀국하여 1929년 미국에서 별세하였다. 그러나 유언에 따라 그의 유해는 한국으로 이송되어 양화진 외인묘지에 안장되었다. 한국에서 그의 이름은 파락만巴樂滿으로 통했다.

먼저 그의 친형 플레쳐 브로크만Fletcher S. Brockman에 대해 소개하고자 한다. 그의 형 F. S. 브로크만 역시 한국 YMCA에 지대한 공헌을 한 사람이기도 하고, 브로크만 형제는 함께 소개할 때 그 진가가 더욱 드러날 것이라 생각하기 때문이다.

F. S. 브로크만은 동생 F. M. 브로크만보다 11년 앞선 1867년에 태어나 1944년 세상을 떴다. 1901년 중국 YMCA 총무로 취임하여 1915년까

지 중국에 있었다.

　YMCA 역사가 홉킨스C. H. Hopkins는 "F. S. 브로크만만큼 전 세계 YMCA 협력 사업계에서 존경받는 사람은 없을 것이다. …… 그는 공자의 정신과 그리스도의 정신을 잘 융화시켜서 살았다"라고 그를 평했다.

　그는 학생 시절인 1889년 당시, 유명한 학생 YMCA 지도자 모트와 절친한 친구로 지냈고, 1891년에는 유명한 YMCA 부흥운동가 무디를 만나 그의 권유로 YMCA 운동에 뛰어들었다.

　우리나라와의 인연은 밴더빌트 대학 시절 처음으로 이루어졌다. 1884년 갑신정변 때 중국에 망명 갔다가 예수를 믿고 미국으로 유학을 갔던 윤치호를 밴더빌트 대학에서 만난 것이 계기였다. 그들은 동창생으로서 절친한 친구로 지냈다.

　때마침 1901년에 질레트가 우리나라 YMCA의 창립 간사로 발탁되어 한국으로 오게 되었는데, 질레트는 1903년 황성기독교청년회를 창설하기 몇 달 전에, 준비를 위하여 자문위원회를 조직하고 중국에 와 있던 F. S. 브로크만을 특별 강사로 초빙하였다. 이 자문위원회의 주요 임무는 YMCA 회관 건축비 모금에 있었으나, 그는 모금보다 어떤 부류의 청년들을 상대로 하느냐에 더 많은 관심을 쏟았다. 당시 한국 YMCA 발기인들은 YMCA 회원들을 하류층 청년들로 하느냐 아니면 상류 지식층 청년들로 하느냐 하는 문제로 고심하고 있었다.

　마침내 선교사들은 YMCA를 일반 교회와는 달리 상류 지식층 청년들을 상대로 조직하기로 했는데, 브로크만은 이에 대하여 다음과 같은 의미심장한 경험담을 말했다.

당시 상류계급 출신의 청년들에게 접근하는 일이 얼마나 어려웠느냐 하는 것은 언더우드 박사가 내게 말한 얘기를 통해 잘 알 수 있습니다. 그가 말하기를, 어떤 양반이 기독교에 접근하고 싶으나 차마 교회에는 나갈 수 없다는 것이었습니다. 왜냐하면 교회는 이미 하층 천민들이 점거했기 때문에 자기는 양반 출신으로 거기 가서 앉기가 어렵다며, 자기들을 위하여 따로 자리를 마련하여 줄 수 없느냐는 것이었습니다. 그래서 언더우드 목사는 양반 출신 청년들을 자기 집으로 불렀습니다. 5, 6명 정도의 청년들이 올 줄 알았는데, 그 이상으로 너무 많이 오기에 그것을 중지하게 되었다고 합니다…….

여기서 착안하여 언더우드, 아펜젤러 등 선교사들은 양반 출신 청년들을 중심으로 YMCA를 창설하기로 최종 결론을 내리게 되었다.

당시 우리나라의 교회는 서민 중심이었다. 이웃 나라 일본 교회는 선비 또는 지식인 중심의 교회로 창설된 데 반하여 우리나라의 교회는 천민과 서민 중심으로 시작된 것이 사실이다. 그만큼 가난한 사람과 억눌리고 천대받는 사람들의 해방 교회로 시작된 데 특징이 있지만, 거기에는 또 다른 문제가 있었다. 즉 어떻게 하면 교인들의 지식수준을 높이느냐, 어떻게 하면 일반 지식층, 지배층, 학문계에 복음을 전할 수 있느냐 하는 문제였으니, 그 해결 방법의 하나로서 YMCA를 창설하게 되었던 것이다.

그리하여 초창기 YMCA는 이상재, 윤치호, 유성준, 김정식, 신흥우 등 독립협회 지도자들이 예수를 믿고 들어와 중심 세력을 구축하게 되었다.

윤치호를 비롯하여 지식인들을 YMCA로 끌어들인 데는 F. S. 브로크만의 공헌이 컸다. F. S. 브로크만은 그 뒤 가끔 초빙을 받아 우리나라에 와서 YMCA 지도자 훈련에 공헌했다. 그리고 1920년 당시 YMCA 총무 신흥우가 농촌운동을 시작할 때에도 많은 도움을 주었다. 신흥우는 동생 브로크만과 함께 국제 Y를 방문하고 그 지도자들과 협의회를 가졌는데, 거기에는 당시 국제 Y의 총무 J. R. 모트를 비롯하여 백화점 경영자 J. C. 페니와 형 브로크만이 참석했다. 이것이 유명한 '레이크 플래시드 5인 회담'이라는 것인데, 이 회담에서 국제 Y는 미국과 캐나다에서 10명의 농촌운동 전문가를 파송하는 동시에 기술 및 재정 원조를 해 주는 데 합의를 보았다.

그러나 형 브로크만의 제일 큰 공헌이라 할 점은 그의 동생 브로크만을 우리나라 YMCA 간사로 선정·파송한 일이라 할 수 있다. 동생 프랭크 브로크만이 중국에서 형과 같이 일하고 싶다는 것을 거절하고 한국으로 보내는 데 결정적인 역할을 했다.

프랭크 브로크만의 YMCA 운동과 105인 사건

프랭크 브로크만은 1878년 미국에서 태어나, 1902년 대학을 졸업하고 네브라스카 오마하의 학생부 간사로 취임하여 유명한 F. L. 윌리스 총무의 지도를 받았다.

그러다가 1905년 한국 Y의 공동 총무로 파송되어 내한한 뒤로, 1929

황성기독교청년회 하령회
브로크만, 질레트 등과 이상재(앞줄 오른쪽 끝), 현순(앞줄 중앙 양복 입은 이) 등 한국 교회 지도자들의 모습이 보인다.

년까지 24년간 한국 YMCA를 위하여 헌신했다. 그가 끼친 공헌은 실로 빛나는 것이었다.

연대순으로 몇 가지 중요한 것을 간추려 보면, 첫째로 1907년 일본 도쿄에서 제7회 세계기독학생연맹WSCF 세계대회가 열렸을 때, 그는 윤치호, 김규식, 김정식, 김필수, 민준호, 강태웅 등 6명의 한국 Y 대표들과 함께 참석했다. 이 대회는 동양에서 처음 모였던 국제대회였을 뿐만 아니라, 에큐메니컬 운동사에서도 매우 뜻깊은 모임이었다. 더욱이 한국 에큐메니컬 운동사에서는 획기적인 일이었다.

그리고 F. M. 브로크만은 한국 학생 YMCA 운동의 개척자가 되었다. 그는 1910년부터 학생 YMCA 하령회를 개최하는 데 절대적인 역할을 했다. 이 하령회는 6월 22일부터 27일까지 서울 진관사에서 개최되었는데, 여기에는 전국 각지에서 46명의 학생이 모여들었고, 4개국에서 16명의 강사가 초빙되었다.

이와 같이 학생 Y 운동이 불일 듯 일어나자 Y 당국은 한국인 학생 Y 담당 간사를 물색하게 되었다. 결국 이상재의 추천으로 이승만으로 결론이 났다. 그때 이승만은 프린스턴 대학에서 철학박사 학위를 받고 온 뒤로 장차 무엇을 할 것인지 고민하고 있던 터라, 마침 대선생이며 감옥 안의 동지인 이상재의 간곡한 귀국 권유를 받게 되니 기쁘지 않을 수가 없었다.

1910년 가을, 이승만은 출국한 지 6년 만에 고국 땅을 밟게 되었다. 그러나 그가 대서양을 거쳐 시베리아 대륙횡단열차를 타고 압록강을 건넜을 때 고국은 이미 일본에게 합방이 된 상태였다. 처음에는 눈앞이

캄캄했으나 차츰 마음을 가다듬고 일에 착수하기 시작했다. 귀국한 뒤 처음 약 6개월간은 주로 F. M. 브로크만과 함께 학생들과 모임을 가졌다. 매주일 오후에는 성경반을 인도했으며, 매회 평균 189명씩 학생들을 상대로 모임을 가졌다. 그러다가 1911년 5월부터 6월까지 브로크만과 함께 지방 순회여행을 떠나게 되었다.

> 우리는 5월 16일 서울을 떠나 6월 21일에 돌아왔습니다. 37일 동안 우리는 13개 선교구역을 방문했으며, 33회의 집회에서 7,535명의 학생들과 만났습니다. 우리는 2,300마일의 여행을 했습니다. 기차 타고 1,418마일, 배 타고 550마일, 말 또는 나귀 타고 265마일, 우마차 타고 50마일, 걸어서 7마일, 가마 또는 인력거 타고 2마일을 여행했습니다. …… 평북 선천에서는 124명의 중학 졸업생들이 졸업생 하나를 남부 유교 세력이 강한 경상도에 전도사로 파송하는 것을 보았습니다. 그는 차재명이란 사람입니다. 그는 7개월 동안 경상도에 가서 일하다가 여름에 학생들이 보내 준 여비를 가지고 휴가차 귀가할 때에 우리와 차중에서 만났는데, 그 학교의 교장 G. S. 맥큔 씨와 학생들 및 선생들이 그를 열광적으로 환영하는 것을 보았습니다.

위 여행 보고서에서 이승만과 브로크만이 얼마나 고생을 하면서 전국을 여행했는지 짐작할 수 있다. 그들은 이 여행 중 여러 학교에 학생 Y를 조직했다. 전라도 광주에 가서는 숭일학교 학생 Y를 조직하는 데 성공했고, 전주에 가서는 신흥학교 학생 Y를, 군산에 가서는 영명학교

YMCA 부흥에 앞장섰던 프랭크 브로크만
(왼편부터) 이상재, 질레트, 브로크만 등이다.

105인 사건 관련 인물
일본의 조작극인 105인 사건에 의해 신민회 회원들과 YMCA계 민족지사들이 대거 검거되었다. 투옥되었던 양전백, 길진형, 홍성익, 김석창 등의 모습이 보인다.

학생 Y를, 평양에 가서는 숭실학교 학생 Y를, 선천에 가서는 신성학교 학생 Y 등을 조직했다. 이로써 그들은 한국 학생 Y 운동사에 일대 선풍을 일으켰다.

브로크만과 이승만은 전국 순회여행을 마친 다음 개성에 들렀다. 제2회 전국학생하령회가 그곳에서 열렸기 때문이다. 1911년 6월이었다. 이에 대하여 이승만은 다음과 같이 보고하였다.

> 여행을 마치고 돌아오는 길에 우리는 송도(개성)에서 학생하령회를 개최하였습니다. 강사로는 뉴욕에서 초빙되어 온 화이트Campbell White 씨와 인도에서 온 에디Sherwood Eddy 씨였습니다. 이 하령회는 대성황을 이루었으며, 우리는 기독교 학생들에게 접근할 수 있다는 확신을 갖게 되었습니다. 존경하는 친구들이여, 이 땅의 수많은 젊은이들이 다음 학년 동안에는 그리스도의 승리로 나아갈 수 있도록 기도하여 주시기 바라옵니다.

한편 브로크만은 ① 이 하령회는 1년 전의 제1회 하령회보다 훨씬 더 훌륭한 것이었으며, ② 윤치호가 대회장으로 주관했기 때문에 더 성공적이었으며, ③ 전국의 21개 학교에서 2명 이상의 대표 93명이 참석했으며, ④ 다른 사립학교와 공립학교 학생들에게도 큰 자극을 주었으며, ⑤ 세계기독학생협의회 가맹 문제를 다루었다고 보고하였다.

이와 같이 학생하령회가 성황을 이루게 된 것은 약 10개월 전에 한일합방이 되었기 때문이다. 거기 모인 93명의 학생들과 우리나라 강사들은 비통한 나머지 울음바다를 이루었다. 그리고 항일과 애국을 굳게 다짐하였다. 학생하령회가 이처럼 열띤 항일운동으로 번지게 되자 총독부는 극도로 신경을 곤두세우게 되었다.

총독부는 1911년 11월 11일을 기하여 평북 선천 신성학교 학생 20명과 선생 7명을 검거하여 서울로 압송하였다. 이보다 앞서 10월 12일에는 서울 경신학교 학생 3명을 검거했다. 그리고 1912년 2월 5일에는 이 하령회의 대회장이며 YMCA 부회장이던 윤치호가 검거됐다. 선천의 양전백과 양준명도 검거되었다. 왜냐하면 이들이 다 학생하령회의 강사였기 때문이다.

이것이 유명한 105인 사건인데, 이 사건은 보통 서북 지방의 기독교인들과 안창호의 신민회 회원들이 데라우치 총독이 압록강 철교 준공식에 참석하러 갈 때 암살하려고 음모했다는 것으로 알려져 있지만, YMCA 세력과 학생 Y가 미워서 꾸며 낸 것도 사실이다. 그러므로 당시 YMCA 총무이던 질레트는 다음과 같이 일제의 잔악성을 폭로했다.

모든 피고인들은 혹독한 고문에 못 이겨 소위 자백서라는 것을 썼는데, 그 자백서 내용을 보면, 1911년 Y 국제위원회 간사들(브로크만과 이승만)이 조직한 학생하령회는 윤치호 등 주모자들이 모여 흉계를 꾸민 중요한 장소가 되었으며 ······윤치호 씨는 이 하령회의 대회장이었으며, 에디, 화이트, 와이어, 이승만, 브로크만, 기타 명사들이 여기에 참석하였으며, 특히 이승만과 브로크만은 처음부터 나중까지 학생들과 숙식을 같이하면서 모사했다는 것이었다.

질레트의 보고 중에 이런 내용도 있다.

> 작년도 학생하령회의 대회장이던 우리 존경하는 윤치호 선생은 지나간 두 차례 학생하령회를 통하여 우리에게 큰 감명과 기운을 불어넣어 주었으며, 양전백 목사와 작년도 학생 대표이던 양준명 씨도 데라우치 총독 살해 음모의 주모자였다는 이유로 체포되었다. 그네들이 1911년 학생하령회에 참석한 것은 총독을 살해 음모하기 위한 것이었으며, 그것을 입증하는 증거물로서 여러 사람의 증인을 내세웠다.

결국 105인 사건으로 윤치호는 10년 징역을 언도받았다가 6년으로 감형되었다. 저다인L. L. Gerdine 회장은 강제 사면되었고, 질레트 총무는 국외 추방되었으며, 이승만과 김규식은 국외 망명을 할 수밖에 없었다.

YMCA의 주요 간부로는 브로크만과 이상재만 검거되지 않고 남아 뒷수습을 하게 되었는데, 이처럼 쑥밭이 된 YMCA는 위대한 지도자 이상재와 외유내강하고 성실한 브로크만이 없었던들 아주 거꾸러지고 말았을 것이다.

우리나라 YMCA를 말살하려는 또 다른 수법으로 일제는 소위 '유신회 사건'을 일으켰다. 유신회란 천도교의 일진회와 마찬가지로 Y 회원들을 통하여 Y 내부에 파고드는 수법이었다. 즉 당시 부총무였던 김린 등 주요 회원들이 총회에서 헌장을 개정하는 동시에 자기네들이 실권을 잡으려 했는데, 이때에도 브로크만의 활약이 컸다.

월남 이상재와 브로크만은 특별한 사이였다. 1907년 헤이그밀사사건

직후 고종 황제가 왕위에서 밀려나게 되자 이상재는 실망한 끝에 자결로써 나라와 운명을 같이하고자 했다. 이때 선생을 붙들고 간곡히 자결을 단념케 한 사람이 바로 브로크만이었다.

이러한 인연으로 해서 이 두 사람은 쑥밭이 된 YMCA를 뒷수습하는 데 손발이 잘 맞았다. 국외로 추방된 질레트 대신 이상재가 후임 총무가 되었고, 이사회에서 파면당한 김린 대신 브로크만이 부총무가 되었다. 때는 1913년, 이때 이상재는 64세의 노인이었고 브로크만은 36세의 청년이었다.

1914년에는 중앙 YMCA, 즉 오늘날의 서울 YMCA와 9개 학생 YMCA가 모여서 '조선YMCA연합회' 즉 오늘날의 '한국YMCA연맹'이 조직되었는데, 이때에는 이상재는 실무진에서 물러나고 브로크만이 초대 연맹 총무가 되었다. 이로써 한국 YMCA는 전국 조직으로 강화되었다.

1910년 한일합방과 동시에 무단정치가 시작될 무렵, 국내에 민간단체라고는 하나도 없었다. 일제는 한민족의 말살을 위하여 그전부터 강경정책을 써 왔는데, 1907년에는 보안법 발표, 1908년에는 사립학교령과 학회령 발표, 1909년에는 집회 결사 엄금령을 발표함으로써 모든 민간단체를 해산시켰다. 이 통에 영국인 베델이 사장으로 있던 〈대한매일신보〉마저 폐간되었고, 신민회, 대한자강회, 동우회, 청년학우회 등 민간단체들이 모조리 해산되어 그 간부들은 국외로 망명하든지 아니면 지하로 숨을 수밖에 없었다. 그런데 이렇게 험악한 시대에 YMCA만 살아남았을 뿐만 아니라 전국 연합기관으로 더 강화된 것이다. 브로크만은 이 강화된 전국 연합회의 총무가 되었다.

그러나 브로크만은 곧 총무 직을 한국인에게 넘겨주었다. 1915년 105인 사건 때 잡혀 감옥살이를 하던 윤치호가 풀려 나오자 그에게 총무 직을 넘겨주고 브로크만은 협동 총무로서 청소년 프로그램에만 힘을 썼다.

1916년에는 '기독교청년회학관' 창립 10주년 기념식이 있었다. 당시 기독교청년회학관은 어느 학교보다도 크고 훌륭한 교육기관이었다. 두 차례에 걸친 일제의 사립학교령에 의하여 많은 사립학교가 폐교당했지만 기독교청년회학관은 조금도 요동하지 않고 청소년 교육에 전념하고 있었는데, 1916년 창립 10주년을 맞이하여 큰 잔치를 벌이게 되었다. 이때 브로크만은 육정수, 이교승 등과 함께 10주년 근속 표창을 받았다.

1923년에는 신흥우 총무와 함께 농촌운동을 시작했다. 우선 이 두 사람은 미국을 방문했다. 기술 도입과 필요한 자금 조달이 그들의 주목적이었다. 그들은 YMCA 국제본부에 들러 F. S. 브로크만을 통하여 레이크 플래시드에서 소위 5인 회담을 가졌다. 이 회담에서 YMCA 국제본부로부터 1925년부터 10년간 10명의 농촌 기술자들을 한국에 파송한다는 것과 필요한 재정 원조를 하겠다는 약속을 받았다. 귀국한 후에는 농촌운동을 위한 지도자 협의회를 열었는데, 이 협의회야말로 우리나라 농촌운동 역사상 획기적인 출발이었다.

브로크만은 YMCA 활동에 열중한 나머지 결혼할 여유도 없다가, 친구들의 권유에 못 이겨 1912년 35세가 되서야 결혼을 했다.

1927년에는 과로 때문에 중병에 걸려 미국으로 돌아갈 수밖에 없었는데, 미국에 간 지 얼마 안 된 1929년 6월 10일 프린스톤에서 숨을 거두었다.

장례식은 프린스톤 신학교 교장 주례로 거행되었으며, 유해는 친구들에 의하여 한국으로 이송되어 양화진 외인묘지에 안장되었다. 그 묘비에는 "24년간, 한국의 증인, 일꾼, 평화의 인, 한국인의 친구, 프랭크 M. 브로크만의 무덤"이라고 쓰여 있다.

14 민중의 봉사자

구세군 가족

Salvation army

한국 구세군 선교의 역사

우선 한국 구세군 선교의 역사부터 간단히 알아볼 필요가 있다. 1907년 구세군의 창설자 윌리엄 부스William Booth가 일본을 방문했을 때 그 집회에 참석했던 한국 유학생들의 요청에 따라 한국 원정, 즉 선교를 결심하고 그 탐색 작전의 하나로 그의 수행원을 한국에 파송하게 되었다. 그리하여 1908년 부스는 호가드R. Hoggard 대령 부부를 한국 원정 사령관으로 파송하게 되었다.

호가드 사령관은 도착 즉시 선교를 개시하였다. 1909년 서울 서대문구 평동에 구세군 본영 사무실을 차리고 〈구세공보〉를 창간했으며, 1910년부터는 구세군 사관학교를 개설하는 동시에 서울 교회당을 개설하고, 1915년에는 구세군 본영을 신축하였다. 1917년부터는 여자 사관 양성을 시작, 1924년부터는 빈민숙박사업을, 1928년부터는 자선냄비를 시작했다.

그러나 1940년 일제 탄압으로 '조선구세군'이 '조선구세단'으로 격하되는 동시에 당시 사령관이던 위일선T. W. Wilson은 추방되고 그 대신 황종률黃鍾律 서기장관이 사령관에 임명되었다가 사카모도라는 일본인이 단장으로 임명된 뒤에 8·15 해방을 맞이했다.

양화진에는 4-5명의 장교와 어린이들이 묻혀 있다. 여기서는 두 장교의 생애만을 약술하고자 한다.

이도식 부령

이도식李道植, Richards Williams 부령은 윌리엄 리처드 부장의 7남매 중 장남으로, 1878년 영국 런던에서 태어났다. 어릴 때부터 어머니 손에 이끌려 런던 거리에서 가두 전도에 참석했고, 12세 때부터는 '꼬마음악단' 단원으로 활약하여 인기를 끌었다.

18세 때부터는 런던에 있는 만국본영에서 일하다가 구세군 사관이 되어 덴마크에 파송되어 7년간 일했다. 그리고 다시 귀국하여 만국본영에 있으면서 구세군 창립자의 보좌관으로 유럽 각국과 남아프리카 등지를 두루 순방했다.

1909년 32세 때 메리 킬로 부관과 결혼하고 1913년에는 인도네시아 자바로 파송되어 그 수완을 발휘했다.

우리나라에는 1918년, 42세 때 서기장관으로 파송되어 왔다. 당시 한국 사령관은 조지 프렌치 참장이었는데, 그가 1919년 돌연 다른 데로

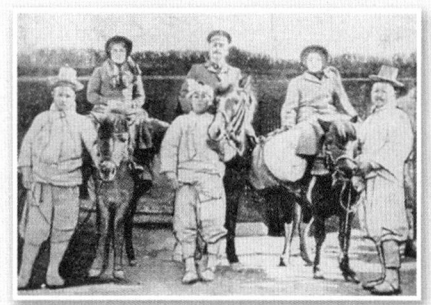

구세군 선교

개척 선교사 호가드(중앙에 말탄 이)의 전도 광경이다(1912년).

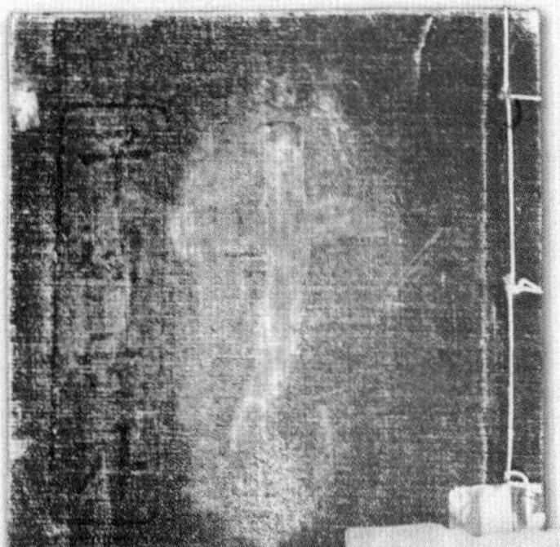

구세군가

구세군 조선본영에서 발행한 정식 구세군 찬송가이다(1927년).

구세군 병사 서약서

구세군에서 발행했던 병사 서약서. 구세군 창시자 윌리엄 부스의 사진이 인쇄되어 있다(1931년).

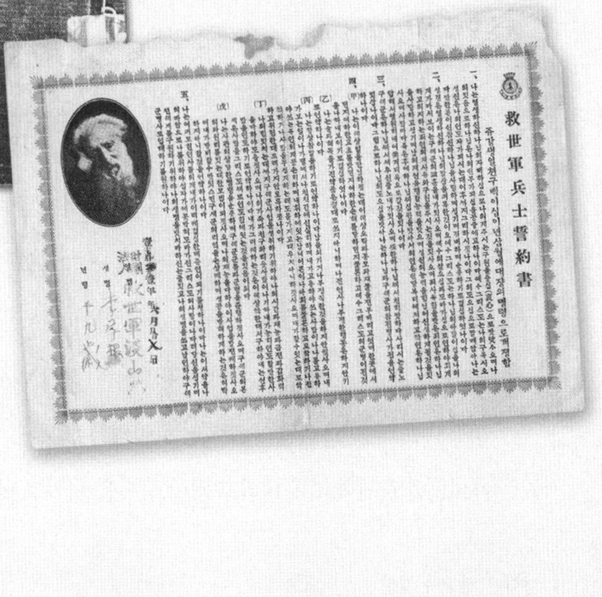

救世軍兵士誓約書

전근이 되자 이도식이 사령관 대리를 했다. 그러나 그는 구세군 육아원에 천연두가 퍼지는 것을 결사적으로 막다가 전염되어 1920년 2월 5일 별세했다.

그가 재직 중 이룩한 사업은 사관 양성, 특히 여사관 훈련, 선교 자금 조달, 남자 육아원 개원 준비, 구제 사업, 개전 10주년 대회 등이 가장 대표적인 것이다. 그의 딸이 쓴 《선교사관 자녀의 수기》의 일절을 소개하면 이렇다.

내가 아버지, 어머니 그리고 두 동생과 함께 서울에 간 것은 1918년 6월이다. 인도네시아에서 종려나무와 바나나 나무만 늘 보다가 소나무를 처음 보니 아주 신기했다. 눈도 많이 와서 겨울에는 난로를 피웠고, 가끔 난롯가에서 옷을 말리던 기억이 새롭다. 구세군인(교인)들이 집회(예배)에 나올 때는 반드시 성경책을 색깔 난 책보에다 소중히 싸 가지고 왔다. 그리고 책보를 풀어 성경책과 찬송가를 꺼낸 뒤에는 그 책보를 착착 개어서 앞에 놓았다가 다시 싸 가지고 가곤 했다. 구세군인들이 마룻바닥에 앉아서 〈찬송합시다〉라는 찬송을 열심히 부를 때에 어떤 할머니는 남이 다 부른 후에도 그치지 않고 길게 여음을 끌면서도 아무렇지도 않다는 듯이 앉아 있는 것이 신기했다. 나는 우리 아버지가 밤중에 초롱불을 들고 시장에 나가 거지 아이들을 데리고 오는 것을 가끔 보았다. 이 거지 아이들은 훗날 다른 곳(북아현동에 1919년 신축된 집)으로 보내졌다. 서울의 고아원은 이렇게 해서 시작되었다. 아버지는 아이들을 사관학교에 데리고 가서 목욕을 시키고 머리를 깎이고 새 옷을 갈아 입혔다. 그때 아이들은 얼마나 놀랐을까? 이렇게 생각되었다. 그런데 아이들이 천연두를 묻혀 와서 온 사관학교에 퍼지게 되었다. 그 당시 사령관은 프렌치 장이었는데 그가 인도로 전근되는 바람에 아버지가 임시 책임자로 있다가 천연두에 걸려 세상을 떠나게 되었다. 때는 1920년 2월 5일이다. 장례식은 당시 중국 베이징에 있던 차우도 정령이 와서 치렀는데 그때 부른 노래는 '고향과 친구를 멀리 떠나 우리는 전장에서 죽으리라' 였던 것으로 기억된다. ……2월 8일은 나의 부모님의 결혼기념일이다…….

이도식 사령관 대리의 기념관은 1976년에 아현동에 세워졌다가 도시계획에 걸려 지금은 북아현동으로 이전되었다.

위더슨 부인

위더슨 부인의 남편은 크리스 위더슨Chris W. Widdowson이다. 크리스 위더슨은 1926년 정위正尉로서 한국 구세군 사령부에 파송되어 8년간 일하다가 1934년에 한국을 떠났다. 그러나 한국전쟁이 한창이던 1953년에 다시 한국에 파송돼 한국 사령관이 되었다. 이처럼 그는 두 차례 한국에 파송되어 왔었는데, 위더슨 부인은 그때마다 남편과 함께 와서 일했다.

위더슨 부인의 본명은 메리 코울Mery Cole이며, 1894년 4월 4일 영국 스코틀랜드에서 태어났다. 1910년 17세 때 부모를 따라 구세군 집회에 갔던 것이 인연이 되어 구세군에 평생 헌신하게 되었는데, 그 부모는 일찍이 남아프리카 케이프타운에 가서 살았다. 우연한 기회에 어머니와 함께 어느 고급장교의 송별회에 참석했다가 구세군인이 되기를 결심했던 것이다.

위더슨 부인은 천성이 온순하고 성녀다운 여성이었으므로 한번 순정을 바치기로 결심한 후에는 절대로 변하지 않았다. 그녀는 일편단심으로 한 번도 빠짐없이 모든 집회에 참석했다.

1914년은 21세가 되는 해였다. 제1차 세계대전이 일어나 그 전쟁의 먹구름은 남아프리카에까지 밀어닥쳤다. 많은 젊은이들이 전쟁터에 끌려 나가는 판에 그녀는 더 성스러운 부름을 받게 되었다.

"너는 그리스도의 병사가 되라!"

처음 부름을 받았을 때에는 좀처럼 용기가 나지 않았다. 그러나 "순종이 제사보다 낫고 말씀을 듣는 것이 수양의 기름보다 낫다"는 성경 말씀을 생각하면서 최종 결단을 하게 되었다.

그 뒤 그녀는 아버지를 여의고 홀어머니를 모시며 살다가 1924년 드디어 사관학교를 거쳐 부교副敎가 되었다.

때마침 한국을 향해 떠나는 크리스 위더슨을 알게 되어 그와 약혼하게 되었다. 서로 약혼만 한 채로 한 명은 한국에서 봉사했고 다른 한 명은 남아프리카에서 고생했다. 1년 동안 서로 멀리 떨어져 있으면서 사랑했다.

드디어 그들은 한국에서 만남의 기쁨을 갖게 되었다. 약혼녀 메리 코울이 1927년 작은 배에 올라탔다. 승객 중 여자라곤 코울 혼자뿐이었다.

고독한 여행을 마친 뒤 한국 땅에 도착했을 때는 가을이었다. 부산에서 서울까지 기차를 타고 가며 보는 경치는 모두가 아름답고 행복한 것이었다.

이 신혼부부는 서울 교외에 있는 고아원에 보금자리를 차리고 7년 동안 고아들과 함께 살았다. 첫아들을 낳자, 아들과 한국 고아들은 곧 친구가 되었다. 그것이 너무나 고맙고 자랑스럽게 여겨졌다. 그러나 항상 전염병의 위협을 면치 못했다. 거리에서 고아들을 데려왔기 때문에 여러 가지 병균을 묻혀 왔던 것이다.

위더슨 부인의 남편이 먼저 감염되었다. 발진티푸스에 걸린 것이다. 뒤따라 위더슨 부인도 앓아눕게 되었다. 그녀는 고열로 헛소리를 하고 며칠 동안 의식을 잃은 채 앓아누었다. 그런 와중에도 고아들을 잊지 않았다. 그녀는 자기 병보다는 도리어 고아들의 먹을 것, 입을 것 등을 걱정하면서 투병을 계속했다.

7년간 한국에서 고생한 뒤에는 또 7년간을 남아프리카 케냐에서 고생해야 했다. 위더슨 내외가 휴가차 영국에 돌아갔다가 이번에는 케냐 군국 총무서기관으로 임명되었기 때문이다. 거기서도 고아들을 돌보았다. "내 형제 중 지극히 작은 자 하나에게 한 것이 곧 나에게 한 것이라"는 말씀을 되새기면서 불쌍한 고아들을 전력을 다해 보살펴 주었다.

그 뒤 위더슨 내외는 남아프리카 여러 곳을 다니면서 봉사했다. 그러던 어느 날 그들에게 하나님의 음성이 들려왔다.

"너희들은 이제 전과 같이 젊지는 않다. 내가 만일 힘든 곳으로 가라 하면 어찌하겠는가? 내가 만일 한국으로 가라 하면 어찌하겠는가?"

당시 외국 신문에는 한국에서 전쟁이 일어났다는 소식이 요란스럽게 보도되고 있었다. 공산군이 서울을 점령하고 수백만 국민이 죽고 국토가 초토화됐다는 보도, 양민 학살·기아·빈곤·질병에 대한 보도가 매일같이 신문 지면을 차지했다. 이런 때 위더슨 내외는 하나님의 음성을 듣고 처음에는 망설였지만 용기를 내어 '예'라고 대답했다.

1953년 1월이었다. 그들은 피난 도시 부산에 도착하여 한국 구세군 사령부를 조직했다. 남편은 구세군 사령관, 부인은 고아원 원장 겸 가정단 총재를 맡았다. 이때에 부령인 장형일이 위더슨 부인의 통역관과 동역자로 함께 봉사했다.

그렇게 지내던 중 위더슨 부인은 위암에 걸려 1956년 5월 10일 별세했다. 투병 중에도 그녀는 크리스마스 자선냄비 때에는 반드시 거리에 나가 전도지를 뿌리며 동료들을 격려하였다.

일평생 한국인을 위해 살아온 그녀는 "나는 고국으로 돌아가기를 원치 않는다. 한국에서도 하나님 나라로 갈 수 있다"라고 하면서 한국 땅에 묻히기를 원했다.

고별식 예배를 주관했던 그녀의 남편 위더슨 사령관은 다음과 같이 부인의 말을 전했다.

나는 어린 양의 피로 구속되었습니다. ……이것을 늘 기억하십시오. 내가 죽는다고 서러워 말고 하나님께 영광을 돌리십시오. ……오늘 나는 한국에서 하나님께로 가는 것을 무한한 기쁨으로 생각합니다.

양화진 선교사 열전

The Biographies of the Missionaries who were buried
in Yanghwajin Missionary Cemetery

지은이 전택부
펴낸곳 주식회사 홍성사
펴낸이 정애주
국효숙 김의연 박혜란 송민규 오민택 임영주 차길환

1986. 9. 10. 초판 발행 1994. 2. 25. 7쇄 발행
2005. 10. 21. 개정판 발행 2025. 4. 15. 34쇄 발행

등록번호 제1-499호 1977. 8. 1.
주소 (04084) 서울시 마포구 양화진4길 3
전화 02) 333-5161 팩스 02) 333-5165
홈페이지 hongsungsa.com 이메일 hsbooks@hongsungsa.com
페이스북 facebook.com/hongsungsa
양화진책방 02) 333-5161

ⓒ 전국재, 1986

• 잘못된 책은 바꿔 드립니다. • 책값은 뒤표지에 있습니다.

ISBN 978-89-365-0699-5 (03230)